DIE VERSTAATLICHUNG

DER

EISENBAHNEN IN ÖSTERREICH.

DIE VERSTAATLICHUNG

DER

EISENBAHNEN IN ÖSTERREICH

VON

DR. JOSEF KAIZL,

PROFESSOR AN DER K. K. BÖHM. KARL-FERDINANDS-UNIVERSITÄT
IN PRAG.

LEIPZIG,
VERLAG VON DUNCKER & HUMBLOT.
1885.

Das Uebersetzungsrecht ist vorbehalten.

VORWORT.

Die Frage: wie gelangte Oesterreich zur Verstaatlichung der Eisenbahnen, wie fand das Staatseisenbahnsystem neuerdings seinen Weg nach Oesterreich? ist der Ursprung und Ausgangspunkt der vorliegenden historischen Studie, sowie die objektive Beantwortung derselben ihr Zielpunkt und Zweck ist. Wie aus der Pistole geschossen steht mit einem Male die fertige Thatsache eines ansehnlichen Komplexes von Staatseisenbahnen und eines gewaltigen staatlichen Eisenbahnbetriebes vor den Augen des Publikums, welches die kleinen aus entlegenen Quellen verborgen rieselnden Anfänge der nun „lebendig kraftvoll sich verkündenden" staatlichen Strömung unbeachtet an sich vorbeigehen liess. Dieses uranfängliche Werden und Wachsen des nunmehr mit dem Charakter des Staates wohl schon fest verwachsenen Verstaatlichungswillens in den Tiefen der — wenn wir so sagen dürfen staatlichen Seele ist es, worauf wir es in der folgenden Untersuchung an allererster Stelle abgesehen haben; nicht so sehr auf die Kraft und Schnelligkeit und Richtung des nunmehr von selbst weiterrollenden Steines, sondern vielmehr auf die Art und Weise, wie der Stein der Verstaatlichung ins Rollen gerieth, war und ist ganz insbesondere unsere Aufmerksamkeit gerichtet. Sollen wir also — wie dies ja im Vorworte Brauch ist — die folgenden Auseinandersetzungen dem Leser nach Titel und Charakter vorstellen, so möchten wir sagen: eine staatspsychologische Untersuchung, und nicht eine Chronik der Eisenbahnverstaatlichung in Oesterreich. — Dass wir nicht das ganze Gebiet der Eisenbahnpolitik in das Bereich unserer Untersuchungen ziehen wollten, erhellt wohl schon aus dem Titel der Schrift; nur was mit der Verstaatlichung im nächsten ursächlichen Zusammenhange steht wurde in Betracht gezogen und sohin zum Beispiel die Geschichte des Eisenbahnexpropriationsgesetzes, des Lokalbahngesetzes mit dem Aufschwunge des Lokalbahnwesens und vieles andere ausser Acht gelassen.

Die Schrift selbst ist aus der ergänzenden Zusammenfassung und Uebersetzung einer Reihe von Artikeln entstanden, welche wir im zweiten Jahrgange (1884/85) des böhmischen Athenäums veröffentlicht haben.

Prag im Mai 1885.

INHALTSVERZEICHNISS.

                                                              Seite

VORWORT V

ERSTES KAPITEL. EINLEITUNG 1
    Der Niedergang des Liberalismus und der Aufschwung der staatsfreundlichen Politik am Ausgange der siebziger Jahre, S. 1; die allgemeinen Ursachen des Umschwunges: primäre, S. 3; secundäre, S. 5; die besondere den Umschwung begünstigende Gestaltung der Dinge in Deutschland, S. 6; die soziale Politik im deutschen Reiche, S. 7; das Obsiegen der staatsfreundlichen Richtung in Oesterreich, S. 8; die Verstaatlichung der Eisenbahnen ein Symptom und Ergebniss derselben, S. 9.

ZWEITES KAPITEL 11
    Ursprung und Entwickelung des Eisenbahnwesens in Oesterreich, S. 11; Dichtigkeit der Eisenbahnen in anderen Staaten Europas, S. 14; die Stellung des Staates zu den Eisenbahnen in Oesterreich: das ausschliessliche Privatbahnsystem bis 1841, S. 15; Verstaatlichung und Staatsbau, S. 16; Abfall vom Staatsbahnsysteme in den Jahren 1854—58, S. 18; die zweite Periode des ausschliesslichen Privatbahnsystemes 1858—73, S. 19; der Umschwung nach 1873 und seine zwei Ursachen: die Subventionen und die Krisis, S. 20.

DRITTES KAPITEL 21
    Die Gründe der Ertheilung von Subventionen an Privateisenbahnunternehmungen, S. 21; Mannigfaltigkeit und Häufigkeit der Subventionen in Oesterreich, S. 23. Die Reinertrags- oder Zinsengarantie und die zwei Arten derselben, S. 23; Beispiele, S. 25; die widerstreitenden Interessen der subventionirten Unternehmung und des Staates, S. 26. Besondere Betrachtung der zwei Arten der Reinertragsgarantie, S. 27. Allgemeines Urtheil über die staatlichen Eisenbahnsubventionen mit besonderer Rücksicht auf Oesterreich, S. 31. Die finanziellen Ergebnisse der Subventionirung der Eisenbahnen: drei besondere Beispiele, S. 33; die Gesammtzahlen, S. 35. Die grosse Belastung des Staatsschatzes und ihr unvermeidlicher Einfluss auf die Eisenbahnpolitik — das Eingreifen der zweiten Ursache des Umschwunges nach 1873, S. 36.

VIERTES KAPITEL 38
    Die Krisis des Jahres 1873, S. 39; ihre unmittelbare Wirkung auf die Eisenbahnunternehmung, S. 40; die wachsende Belastung des Staatsschatzes, S. 41; die Frage der Betriebsdefizite, S. 41. Der Nothstand als Veranlassung staatlicher Eisenbahnbauthätigkeit, S. 42. Keine grundsätzliche Aenderung der

INHALTSVERZEICHNISS.

Eisenbahnpolitik, S. 44. Die Bedeutung der Thatsache dass der Staat nun Eisenbahnen baute, S. 45. Das eisenbahnpolitische Programm der Regierung vom Jahre 1875, S. 47; die konkreten Bauvorlagen, S. 51; das Verhalten des Parlaments, S. 54. Allgemeine Erwägung der Geschehnisse der Jahre 1873—76, S. 55.

FÜNFTES KAPITEL 58

Der Staatsvorschlag für das Jahr 1876; die Debatte im Dezember 1875, S. 58. Der Regierungsentwurf des Sequestrationsgesetzes vom Dezember 1876; die Begründung, S. 60. Der Bericht des Eisenbahnausschusses, seine Begründung und Anträge, S. 62. Annahme und Sanktionirung, S. 65. Der Wortlaut des Sequestrationsgesetzes, S. 66.

SECHSTES KAPITEL 68

Die Erfolglosigkeit des Sequestrationsgesetzes, S. 68. Die Verstaatlichung der niederösterreichischen Südwestbahnen, S. 69. Die mährische Grenzbahn, S. 70. Die Ursachen der Sterilität der Eisenbahnaktion seit dem Jahre 1877, S. 71. Uebersicht der Erfolge der neuen Verstaatlichungsperiode vom Jahre 1873—1879, S. 73. Würdigung dieser Erfolge, S. 75.

SIEBENTES KAPITEL 78

Das Programm der neuen Regierung, S. 78. Die Rudolfs-Bahn, S. 78. Die Arlberg-Bahn, S. 79. Die Albrechts-Bahn, S. 79. Weitere Bestrebungen und Hindernisse, S. 81. Die Elisabeth-Bahn, Vorbereitungen, S. 82; die Regierungsvorlage, S. 84; Schwierigkeiten und Annahme, S. 86. Die galizische Transversalbahn, S. 87.

ACHTES KAPITEL 89

Eintheilung der Geschehnisse der Jahre 1882, 1883 und 1884, S. 90.
I. Die Ausbreitung des Staatseisenbahnnetzes durch den Bau neuer Staatsbahnen: Die Verlängerung der galizischen Transversalbahn; die Linie Stryj-Beskid; Herpelje-Triest; die Verlängerung der Dalmatiner Bahn, S. 90. Die böhmisch-mährische Transversalbahn; Motive und Projekt, S. 92. Das Eisenbahn-Péage-System, S. 94. Seine Anwendung in Oesterreich, S. 95. Seine Durchführung bei der böhmisch-mährischen Transversalbahn: die Enteignung, S. 97. Derselbe Vorgang zu Gunsten der Staatslinie Herpelje-Triest, S. 100. Die Trajektanstalt in Bregenz am Bodensee, S. 101.
II. Die Ausdehnung des Staatsbetriebes durch Ansichnahme des Betriebes auf bereits staatlichen Linien, S. 102.
III. Der faktische und der faktische und rechtliche Erwerb von Privatbahnen, S. 104. Die Elisabeth-, Rudolfs- und Albrechts-Bahn, S. 105. Die Vorarlberger und die mährische Grenzbahn, S. 106. Die Verstaatlichung böhmischer Bahnen, S. 107. Kleinere Verstaatlichungsmaassnahmen, S. 109.
Uebersicht der Ergebnisse der Verstaatlichung, S. 109; der verstaatlichten Eisenbahnen zusammengestellt: nach Ländergruppen, S. 110; nach dem rechtlichen Verhältnisse des Staates zu denselben, S. 112; die im fremden Betriebe stehenden Staatsbahnen, S. 112; die im Bau befindlichen Staatsbahnen, S. 113; die gesetzliche Sicherstellung des staatlichen Selbstbetriebes, S. 114. Die Einlösungen, S. 114. Das Eisenbahnbudget des Jahres 1885, S. 115. Die Organisation des Staatseisenbahnbetriebes, S. 117.
Schlusswort, S. 118.

NAMEN- UND SACHREGISTER 121

ERSTES KAPITEL.

EINLEITUNG.

Der Niedergang des Liberalismus und der Aufschwung der staatsfreundlichen Politik am Ausgange der siebziger Jahre, S. 1; die allgemeinen Ursachen des Umschwunges: primäre, S. 3; secundäre, S. 5; die besondere den Umschwung begünstigende Gestaltung der Dinge in Deutschland, S. 6; die soziale Politik im deutschen Reiche, S. 7; das Obsiegen der staatsfreundlichen Richtung in Oesterreich, S. 8; die Verstaatlichung der Eisenbahnen ein Symptom und Ergebniss derselben, S. 9.

Am Ausgange des vorigen Jahrzehntes trat es klar an den Tag, dass in den grundlegenden Auffassungen des Staates und dessen Verhältnisses zur Gesellschaft ein entschiedener Umschwung sich vollzogen habe; die zwei grossen Strömungen, welche in der modernen Gesellschaft einander immerwährend bekämpfen, wechselten ihre Stellungen. Jene, welche bis dahin obenauf gewesen und die politische Macht inne gehabt, unterlag und glitt — wenn es erlaubt ist, einen nicht ganz passenden Ausdruck zu gebrauchen — zur minder mächtigen Funktion der Opposition hinab. Es war dies die Richtung, welche an die Spitze des gesammten politischen und sozialen Programmes das freie und selbstverantwortliche Individuum stellt, ihm sein eigenes Wohl und Wehe, die Knüpfung der gesellschaftlichen Zusammenhänge, sowie das Erringen gesellschaftlicher Macht anheimstellt und der ordnenden und zusammenfassenden Thätigkeit der politischen Zwangsgemeinschaften, des Staates und der engeren Verbände nur im Hintergrunde beschränkten Spielraum gönnt.

Die Oberhand gewann jene Richtung, welche in der Freiheit, Freiheit und abermals Freiheit nicht die einzige, allmächtige, absolute Gewähr des materiellen Wohlstandes, intellektuellen Fortschrittes und der sittlichen Veredlung der Völker anerkennt und das unverrückbare Ziel der kulturellen Entwickelung nicht darin wahrzunehmen vermag, dass ein relativ kleiner Kreis von Individuen sich auf den Schultern der verarmten und verwildernden Masse nach allen Dimensionen vervollkommnet und verfeinert, sondern ausdrücklich verlangt, dass die Entwickelung und der Fortschritt des gesellschaftlichen Ganzen im Auge behalten werde. Im Staate erkennt sodann diese Richtung das mit der höchsten Macht begabte und über die Interessen der Parteien und Klassen erhabene Organ, welches in dem eben angegebenen Sinne dadurch zu wirken hat, dass es die allgemeinen Bedingungen für die Entwickelung und den Fortschritt sämmtlicher Mitglieder der Gesellschaft setzt und mit hilfreicher Hand dort eingreift, wo Individuen oder Klassen im Kampfe um's Dasein in's Gedränge gerathen, oder wo die Uebermacht Einzelner das ökonomische Fortkommen der Uebrigen oder die Moralität bedroht, ohne dass die Gesellschaft aus sich selbst heraus Hilfe beschaffen wollte oder könnte.

Es ist die Frage: welche sind die Ursachen dieses grossen Umschwunges? Vermag man dieses Ereigniss zu erklären, oder war es gar möglich es vorauszusehen, oder aber stehen wir vor demselben wie vor einem Räthsel, ohne unsere Unwissenheit anders bemänteln zu können, als etwa durch den Hinweis auf den Zufall, auf die mystische „Natur" der menschlichen Gesellschaft, oder auf die Laune des Schicksals? Es steht ausser Zweifel, dass man die besagte Thatsache nicht nur hinterher vollkommen zu erklären im Stande ist, sondern dass sie ein scharfsichtiger Soziologe in derselben Weise auch hätte voraussehen können, wie man jetzt zum voraus bestimmen kann, dass die dermalen herrschende und immer noch in Zunahme begriffene Strömung mit der Zeit ihrem besiegten liberal-individualistischen Gegner wieder unterliegen wird.

Die Ursachen, welche in der neuesten Zeit das Uebergewicht der staatsfreundlichen Richtung herbeigeführt, sind nach unserer Ansicht die folgenden:

Erstens: Die Konsequenzen der liberalen Ordnung oder eher des Mangels an Ordnung auf national-ökonomischem und moralischem Gebiete; dies ist die nächste Ursache, die direkte Veranlassung des angedeuteten Umschwunges. Man braucht da nur stumm auf die Verhältnisse des Lohnarbeiterstandes, auf die mörderische Ausbeutung der Arbeitskraft nicht nur erwachsener Arbeiter, sondern auch von Kindern, auf das Schicksal der alters- oder krankheitshalber erwerbsunfähigen Arbeiter mit dem Finger zu deuten; ferner auf die überspannte, oft unmoralische, oft geradezu ungesetzliche Spekulation des beweglichen Kapitals; auf den Verfall des Handwerkes und der Kleinindustrie, welchen die öffentliche Meinung fast durchwegs dem Liberalismus zuschreibt, während er in Wirklichkeit als eine unabwendbare Folge theils der modernen Technik, theils der ökonomischen und intellektuellen Schwäche des Handwerkers selbst erscheint. Das Unbehagen und der Nothstand, welchen diese und andere Thatsachen, von denen wir namentlich noch die bis an den Ausgang der siebziger Jahre währenden Folgen der Krise vom Jahre 1873 anführen möchten, im Gefolge hatten, lenkten die öffentliche Aufmerksamkeit auf sich; die öffentliche Meinung stellte sich die

Frage, ob nicht die Unthätigkeit und das Gewährenlassen des Staates die Schuld dieses Verfalles und Jammers trage, oder ob zum mindesten der Staat nicht berufen und fähig sei, Hilfe zu schaffen. Die affirmative Beantwortung dieser Fragen zeitigte die Beschränkung des Individualismus und die Stärkung der Staatsgewalt.

Zweitens: Die zweite Ursache ist allgemeinerer Natur; ihr gebührt der Vortritt, und dass wir ihr denselben — wie es logisch richtig wäre — nicht gönnten, geschah lediglich aus einer gewissen Konnivenz gegen den sinnlichen Charakter der gemeinen Auffassung, welche fertige Thatsachen zunächst und höher anschlägt, als die Ideen und Sitten, aus denen diese quellen. Es scheint, dass die moderne Gesellschaft, jedes mächtigen, inneren, religiös-moralischen Bandes, wie es einst der Glaube gewesen, bar, aus unbewusstem Antriebe dahin neige, ihre zersprengten Glieder unter was immer für einem Zeichen von weniger tiefgreifender Bedeutung zu schliessen; an Stelle der Bruderschaft in Christo tritt die Bruderschaft im Staate, oder die Bruderschaft in der Sprache.

Die äussere Macht und Autorität des Staates strebt umsomehr nach Ausbreitung und Festigung, je mehr es an anderen idealen oder ökonomischen Banden, welche Mensch an Mensch ketten, mangelt. Es ist nicht nothwendig, die ökonomische und moralische Zerfahrenheit der modernen Gesellschaft zu beweisen; durch sie sind die Prämissen für die Festigung des rein politischen Gefüges und für die Erstarkung der Staatsgewalt gesetzt. Auf dieser Bahn schreitet die Entwickelung desto schneller vorwärts, wenn verzweifelnde, des Glaubens und des Brodes bare Klassen die gesammte gesellschaftliche Ordnung mit Dynamit zu sprengen sich anschicken.

Die zwei bisher angeführten Ursachen erachten wir als primäre, als solche, welche an sich den Umschwung, um den es sich handelt, zu bewerkstelligen vermöchten; jene zwei Ursachen, welche alsbald darzulegen sind, halten wir für sekundäre, für solche, welche die durch andere Kräfte hervorgerufene Bewegung blos beschleunigen.

Drittens: Der demokratische Charakter der Verfassungsreformen; die Theilnahme an der politischen Macht wird durch Herabsetzung oder Aufhebung des Census immer weiteren und weiteren Schichten eröffnet; wenn ein Jeder sich bis zu einem gewissen Grade einbilden darf: l'état c'est moi — dann wendet auch ein Jeder seinen Blick mit grösserem Vertrauen zum Staate und überlässt ihm Eines und ein Anderes und ein Drittes.

Viertens: Endlich die Wirkung der Langenweile, l'influence de l'ennui, welche schon Comte und vor ihm andere unter den Ursachen des beschleunigten Ueberganges der Gesellschaft in andere Geleise anführen. Durch langes Vorwalten hat sich das liberale System abgenützt, Schlagworte, früher verführerisch und glänzend, haben ihren Glanz und Zauber eingebüsst und das öffentliche Bewusstsein erfasste die neuen Richtungen, auf welche dieses und jenes private und öffentliche Interesse hinwies, mit jenem gierigen Eifer, mit welchem das Neue allenthalben willkommen geheissen und aufgenommen wird.

So war der Boden unter dem das politische und gesellschaftliche Leben beherrschenden liberalen System von allen Seiten unterwühlt, und geebnet war der Weg irgend eines „grossen Mannes", welcher, begabt mit hinreichendem Scharfblick, die gegebene Lage der Gesellschaft zu erfassen, mit hinreichender Energie, den Widerstand des alten Regimes zu überwinden und mit hinreichendem Einflusse, sichtbare, wenn auch anfangs unbedeutende Erfolge zu erreichen, der neuen sich eben emporringenden Richtung zu voller Lebensentfaltung und Herrschaft verhilft. Der grosse Mann dieser Art erschien, und nicht bloss Schmeichler, welche seiner Spur folgen, verkündeten ihn als den selbstständigen gigantischen Schöpfer der neuen Situation, der neuen Stimmung der Gemüther und seiner eigenen Autorität. Dieser Mann erschien in einem Lande, wo ausser den vier angeführten allgemeinen Ursachen noch eine fünfte, besondere und zufällige zu gunsten der Festigung und Erweiterung der Ingerenz des Staates auf die Gesellschaft wirkte, eine Ursache, welche darin bestand, dass der Staat soeben mit Aufbietung aller seiner Kräfte einen mächtigen „Erbfeind" bewältigt, und der durch eine neue Verfassung fester verbundenen Nation eine dominirende Stellung im Staatenkonzerte errungen hatte. Es ist leicht zu ersehen, dass wir das deutsche Reich und dessen Kanzler, den Fürsten Bismarck im Sinne haben. Bismarck hat stets einen starken Staat und vor allem eine möglichst wenig beschränkte königliche Gewalt befürwortet und immer schwebte ihm sein preussisches Vaterland vor Augen, welches einerseits durch die eigene Thatkraft seiner Könige und sodann durch die Mitwirkung einer wohlgebildeten und wohldisziplinirten Armee und Bureaukratie so grossartige Erfolge errungen hatte. Umso bereitwilliger ergriff er sohin die neue Strömung, deren erstes offenkundiges Ziel die Neugestaltung und Besserung der gesellschaftlichen Verhältnisse durch den Staat bildete und dessen zweites Ziel ihm die Kräftigung und Erweiterung der Herrschergewalt sein konnte und — wie die Erfahrung (vgl. z. B. den kgl. Erlass vom 4. Januar 1882) zeigt — auch ist.

Es ist hier nicht unsere Sache, jene Massregeln, welche in Deutschland von Seite des Staates zu dem Zwecke getroffen oder eingeleitet wurden, um die moralische und ökonomische Ordnung der Gesellschaft zu rekonstruiren und ihren Fortschritt zu fördern, ausführlich darzulegen, oder am Ende zu kritisiren. Nur die betreffenden Schlagworte anzuführen sei uns gestattet: der Zollschutz der Urproduktion und der Industrie; die Neuordnung der handelspolitischen Verhältnisse zu Oesterreich-Ungarn; die Einführung gewerblicher Innungen; die Förderung des überseeischen Handels (Dampferkurse, Kolonien); die Versuche der Monopolisirung des Tabaks; die Wucher- und Trunkenheitsgesetze; die Reform des Eisenbahntarifwesens u. A. Wir übergingen einen Komplex von zum Theile vollbrachten, zum Theile begonnenen Massregeln, um ihn besonders hervorheben zu können; es ist dies die wahrhaft grossartige Aktion, welche — wie die verschwommene vulgäre Phrase zu sagen beliebt — dahin abzielt, die soziale Frage zu lösen. Den ersten Schritt bildete oder sollte wenigstens die Unterdrückung der sozialdemokratischen Propaganda mit Hilfe des Gesetzes gegen die Sozialisten bilden, dessen weitere Giltigkeit, nach den grossen Reden Bismarcks, im Mai des vorigen Jahres neuerdings genehmigt wurde; den zweiten Schritt bildete einerseits die Verminderung der die unvermögenden Klassen drückenden Steuerlasten (finanzpolitisches Programm), andererseits der Aufbau positiver Institutionen zu Gunsten der am meisten nothleidenden Klasse der Industrie-Arbeiter. Der Zweck dieser Institutionen besteht in der Abwendung der Arbeiterschaft von der sozialistischen Umsturz-Propaganda und deren bleibenden Fesselung an die Fundamente der gegenwärtigen politischen und nationalökonomischen Ordnung der Gesellschaft, und zwar in der Weise, dass der Arbeiterschaft in den Schranken dieser Ordnung eine gesicherte Existenz und dadurch ökonomischer und moralischer Fortschritt gesichert wird. Als Mittel dazu dienen die universalen Versicherungsanstalten.

Auf diese Weise ergriff der Staat in Deutschland die Initiative, mächtig eingreifend in die Entwickelung der Gesellschaft, welche bisher der Liberalismus, seinen Grundsätzen folgend, sich selbst überlassen hatte. Bei der Verwandtschaft der allgemeinen gesellschaftlichen Verhältnisse in den Ländern der europäischen Kultur konnte die staatsfreundliche Richtung nicht blos in Deutschland allein auftauchen und auf dasselbe beschränkt bleiben; aber ihr Durchbruch und Aufschwung konnte und kann sich wegen sekundärer Eigenheiten und Zufälligkeiten hie und da verspäten und aufhalten, gerade so wie er in Deutschland durch eine besondere Konfiguration der Umstände, die wir oben andeuteten, beschleunigt wurde. Soviel jedoch steht fest, dass der Niedergang des Liberalismus in Deutschland die Beschleunigung und das deutliche Hervortreten seines bisher latenten Verfalles in den angrenzenden Ländern nach sich zog und nach sich zieht, dass bis zum heutigen Tage die leitende Rolle auf den neuen Bahnen in Deutschlands Händen ruht, und dass die neue Richtung noch keineswegs den Höhepunkt ihrer Entwickelung und Kraft erklommen hat.

Doch wir haben uns mit einem einzigen praktischen Ergebnisse der staatsfreundlichen Strömung in Oesterreich zu befassen und lassen daher weitere Erwägungen allgemeiner Natur bei Seite; ganz umgehen durften wir sie nicht, sollte der Ursprung und das Erstarken sowie die Bedeutung dieser einzelnen konkreten Erscheinung, die doch mit den allgemeinen Zuständen und der herrschenden Auffassung von Staat und Gesellschaft in unverkennbarem Zusammenhange steht, auch nur halbwegs erfasst und dargelegt werden.

Dass die staatsfreundliche Richtung von Deutschland aus frühzeitig nach Oesterreich einzudringen begann und daselbst binnen kurzem die Oberhand erhielt, dürfte Jedem bekannt sein, der der Entwickelung der öffentlichen Angelegenheiten dieses Staates einigermassen aufmerksam gefolgt ist; der Systemwechsel, welcher im Jahre 1879 erfolgte, war in dieser

Richtung aus mannigfaltigen Gründen von weitgehender Bedeutung. So machte denn auch der österreichische Staat die bessere Ordnung der gesellschaftlichen Zustände und da vor allem der wirthschaftlichen Verhältnisse zum Gegenstande seiner besonderen Obsorge und griff in Verfolgung dieses Zieles an vielen Punkten thatkräftig ein. Wir verweisen bloss auf die Neugestaltung und die Wandlungen der Zollpolitik, die Wucher- und Kreditgesetze, die Einführung der Postsparkassen, die Handwerksgesetzgebung mit dem Befähigungsnachweise und den Zwangsinnungen, auf die Einführung der Gewerbeinspektion, das Fabriks- und Werkstättengesetz (VI. Kapitel der Gewerbeordnung), den Unfall- und Krankheits-Versicherungs-Entwurf u. a. An letzter Stelle gedenken wir jener Aktion, welche gemeinhin Verstaatlichung der Eisenbahnen genannt wird und welche darin besteht, Eigenthum und Betrieb oder bloss den Betrieb oder bloss das Eigenthum von Eisenbahnen für den Staat zu erwerben, möge dies nun vermittelst der Ansichnahme bestehender oder vermittelst der Herstellung neuer Eisenbahnen geschehen. Der praktische Erfolg dieser Aktion wird immer der sein, dass eine grosse wirthschaftliche Macht und ein gewaltiger Einfluss auf die wirthschaftlichen Verhältnisse der Gesellschaft in die Hände des Staates gelangt; das dürfte keinem Zweifel unterliegen, wenn gleich in concreto die unmittelbaren Veranlassungen und die nächstgelegenen Ziele anders gestaltet sein mögen, so z. B. wenn es sich um die Verhütung finanzieller Nachtheile oder — im Interesse der Volkswirthschaft — um die Erhaltung einmal bestehender Eisenbahnverbindungen handelte. Allein eben der Umstand, dass der Staat es nicht scheut, zur Erreichung dieser oder anderer Ziele zu diesem so lange gemiedenen Mittel, der Verstaatlichung, zu greifen, bekundet klar und unanfechtbar den Umschwung, welcher in der Auffassung und Stellung des Staates eingetreten. Wir nehmen daher keinen Anstand, die gesammte Verstaatlichungsaktion in Oesterreich als Symptom und Ergebniss zunächst des beginnenden Aufschwunges und sodann des errungenen Sieges der staatsfreundlichen Strömung über die liberale Richtung aufzufassen.

Warum und wie es in Oesterreich zur Verstaatlichung der Eisenbahnen gekommen und wie dieselbe fortgeschritten und erstarkt ist, das zu untersuchen und darzustellen ist die Aufgabe der folgenden Kapitel.

ZWEITES KAPITEL.

Ursprung und Entwickelung des Eisenbahnwesens in Oesterreich, S. 11; Dichtigkeit der Eisenbahnen in anderen Staaten Europas, S. 14; die Stellung des Staates zu den Eisenbahnen in Oesterreich: das ausschliessliche Privatbahnsystem bis 1841, S. 15; Verstaatlichung und Staatsbau, S. 16; Abfall vom Staatsbahnsysteme in den Jahren 1854—58, S. 18; die zweite Periode des ausschliesslichen Privatbahnsystemes 1858—73, S. 19; der Umschwung nach 1873 und seine zwei Ursachen: die Subventionen und die Krisis, S. 20.

Die ersten Eisenbahnen in Oesterreich wurden auf böhmischem Boden erbaut; es waren dies die Linien Budweis — oberösterreichische Grenze, eröffnet am 7. September 1827, und Prag-Wejhybka, eröffnet am 21. März 1830; freilich geschah die Zugförderung mittelst Pferden. Der Dampfbetrieb kam in Oesterreich zum erstenmale im Jahre 1837 auf der Theilstrecke Floridsdorf-Wagram der Kaiser-Ferdinands-Nordbahn in Niederösterreich zur Anwendung; es ist bekannt, dass kurz vorher in England (1825, die erste europäische Bahn Darlington-Stockton), in Frankreich (1832), in Belgien (1835) und in Deutschland (1835) mit dem Eisenbahn-Dampfbetriebe begonnen wurde. Seit dem Jahre 1837 entwickelte sich das Eisenbahnwesen in Oesterreich, d. i. in den im Reichsrathe vertretenen Königreichen und Ländern in folgender Weise:

ZWEITES KAPITEL.

Eisenbahnen gab es in Oesterreich:

Im Jahre	Kilometer
1837	13.12
1838	30.72
1839	142.69
1840	142.69
1845	726.05
1850	1291.06
1855	1444.37
1860	2877.29
1865	3582.11
1870	5992.55
1875	10308.38
1880	11337.63
1884	12202.24 *).

Nach diesen Zahlen hebt in der Pentade vom Jahre 1865 bis 1870 eine regere Bewegung bemerkbar an, welche dann in der fünfjährigen Periode vom Jahre 1870 bis 1875 den Höhepunkt erreicht, und sich in der folgenden Zeit bedeutend verringert; die nachfolgenden Zahlen geben hiervon ein in's Detail ausgeführtes Bild:

In Oesterreich wurden eröffnet, d. h. es sind zugewachsen:

Im Jahre	Kilometer Eisenbahnen
1865	86.78
1866	266.19
1867	180.14
1868	460.16
1869	731.05
1870	862.71

---

*) Die Zahlen sind der Beilage zu den Protokollen des Abgeordnetenhauses des Reichsrathes Z. 678 d. J. 1877, VIII. Session, VIII. Band entnommen.

Im Jahre	Kilometer Eisenbahnen
1871	1207.56
1872	1154.41
1873	835.17
1874	332.93
1875	674.28
1876	443.66
1877	477.94
1878	47.04
1879	77.16
1880	41.96
1881	303.15
1882	210.36
1883	316.83 *).

Die hohen Zahlen vom Jahre 1868 bis 1873 bezeichnen den sogenannten volkswirthschaftlichen Aufschwung, welcher auf dem Gebiete des Eisenbahnwesens nicht geringe Erfolge errang; der Verfall der privaten Unternehmerthätigkeit, welcher in der ersten Hälfte des Jahres 1873 begann, äussert sich bereits in der Zahl des Jahres 1874, wird jedoch in den Zahlen der Jahre 1875, 1876 und 1877 in beträchtlichem Maasse durch den Umstand verdeckt — man möchte fast sagen bemäntelt —, dass gerade Bahnen eröffnet wurden, welche der Staat, um der grossen Noth abzuhelfen, selbst zur Ausführung gebracht (die Rakonitz-Protiviner, die Istrianer, Tarnow-Leluchower und dalmatinische Eisenbahn). Im Jahre 1881 hebt wieder eine aufsteigende Bewegung an, welche zum grössten Theile auf Rechnung der Lokalbahnen zu setzen ist.

---

*) Diese Zahlen stammen aus dem Werke: Eisenbahn-Jahrbuch der österreichisch-ungarischen Monarchie von Ignaz Konta; 17. Jahrgang, 1884, S. 9.

14   ZWEITES KAPITEL.

Zur allgemeinen Orientirung sei schliesslich noch hervorgehoben: erstens, dass mit Beginn des Jahres 1884 die ungarische Reichshälfte 8396.21 Kilometer, die gesammte österreichisch-ungarische Monarchie daher 20 598.45 Kilometer Eisenbahnen besass; zweitens, dass am Ende des Jahres 1882

die Staaten:	Eisenbahnen besassen:
Belgien	4 231 Kilometer
Grossbritannien und Irland	29 613 ,,
die Schweiz	2 702 ,,
Deutschland	34 381 ,,
Frankreich	28 656 ,,
Oesterreich-Ungarn	19 735 ,,
Italien	9 042 ,,
Rumänien	1 474 ,,
Russland	23 554 ,,
Griechenland	10 ,,

so dass

in den Staaten	auf 10 000 ☐Kilometer	auf 10 000 Einwohner entfielen
Belgien	1436	7.59 Kilometer
Grossbritannien und Irland	940	8.42 ,,
Schweiz	652	9.49 ,,
Deutschland	636	7.55 ,,
Frankreich	540	7.59 ,,
Oesterreich-Ungarn	310	5.20 ,,
Italien	310	3.17 ,,
Rumänien	110	2.74 ,,
Russland	40	3.00 ,,
Griechenland	2.5	0.06*) ,,

---

*) Diese Zahlen stammen aus dem Werke: NEUMANN-SPALLART, Uebersichten der Weltwirthschaft, 1884, S. 434.

ZWEITES KAPITEL.

So haben wir also auf dem Boden, auf welchem wir uns zu bewegen haben, ein wenig Umschau gehalten, indem wir zunächst den Ursprung und die fortschreitende Entwickelung des Eisenbahnbaues in Oesterreich skizzirten und sodann einiges Material aus anderen Staaten zur vergleichsweisen Betrachtung mittheilten, und wir wenden uns nunmehr zu dem in dem ersten Kapitel dieser Abhandlung angedeuteten Thema. Wir stellen vorerst die Frage: Welches war und ist der Antheil des Staates an dem Eigenthum und an dem Betrieb der Eisenbahnen in Oesterreich?

Der Eisenbahnbau wurde anfänglich sowohl in Oesterreich als auch in den anderen europäischen Staaten, Belgien ausgenommen, der Privatunternehmung überlassen; die Regierungen in Oesterreich und in Preussen sollen mit nichts weniger als freundlichem Blicke die bedenklichen Bestrebungen des beschränkten Unterthanenverstandes verfolgt haben, welche in den dreissiger Jahren auf die Schaffung von Eisenbahnverbindungen und dadurch auf die Erweckung und Erhaltung regerer Bewegung und stetigen Verkehres in der Bevölkerung abzuzielen begannen*). Die obgenannten zwei Pferdebahnen wurden als Privatunternehmungen konzessionirt; am 4. März

---

*) Vgl. hierüber HABERER, Geschichte des Eisenbahnwesens. Wien 1884, Bd. I der Bibliothek des Eisenbahnwesens; daselbst wird weiters auf S. 14 erzählt: „Mitunter war übrigens auch die vom Konservatismus durchtränkte Auffassung massgebend, dass die Eisenbahnbewegung eitel Schwindel sei. So entschloss sich Kaiser FRANZ zur Unterzeichnung des Nordbahnprivilegiums im März 1836 vorzugsweise nur darum, „weil sich so etwas ohnehin nicht halten kann"". (Hier dürfte zum mindesten ein Druckfehler unterlaufen sein, denn Kaiser FRANZ verschied am 2. März 1835, das Privilegium wurde unter Kaiser FERDINAND am 4. März 1836 ertheilt und die Bahn erhielt unterm 10. April 1836 die Bewilligung, den Namen Kaiser-Ferdinands-Nordbahn zu führen).

1836 erhielt die Firma M. A. von ROTHSCHILD das Privilegium zum Bau einer Eisenbahn von Wien nach Bochnia in Galizien, welches in demselben Jahre auf die eben konstituirte Aktiengesellschaft der Kaiser-Ferdinands-Nordbahn übertragen wurde; im Jahre 1838 erhielt BARON SINA die Konzession zum Baue von Eisenbahnen nach Ungarn, einerseits über Bruck a. L., andererseits über Wiener-Neustadt, und im Jahre 1840 wurde die Verlängerung dieser Linie bis nach Gloggnitz unter dem Semmering bewilligt. Die kaiserlichen Entschliessungen vom 29. Dezember 1837 und vom 18. Juni 1838 stellten schon vor Ertheilung der eben benannten Konzession die allgemeinen Regeln und Bedingungen für die Konzessionirung von Eisenbahnen fest; mit diesen Direktiven stimmt im wesentlichen auch die früher bereits der Nordbahn ertheilte Konzession überein.

Aber sehr bald trat in der Eisenbahnpolitik ein radikaler Umschwung ein — vom ursprünglichen System der konzessionirten Privatbahnen überging man zum System der Staatsbahnen; einige wichtigere neue Linien wurden auf Staatskosten erbaut und einige schon ausgebaute Bahnen in das Staatseigenthum überführt. Diese erste, und mit Rücksicht auf die damaligen Verhältnisse grosse und entschiedene Verstaatlichungsaktion wurde mit dem Patente vom 19. Dezember 1841 eingeleitet, welches die Verfügung traf, die grossen von Wien aus zur Reichsgrenze führenden Bahnen (Wien-Brünn-Prag-Sachsen, Wien-Graz-Triest, Wien-Linz-Bayern) auf Staatskosten zu bauen bezw. zu erwerben und bloss die kleineren Linien der Privatunternehmung anheimzustellen. Die Argumentation dieses Patentes, welches neuerdings das Recht des Eisenbahnbaues und Betriebes als Staatsvorrecht erklärt, läuft darauf hinaus, dass Privatunternehmungen wegen ihrer wirthschaftlichen Natur immer nur den grössten momentanen

Gewinn im Auge haben, und die Interessen der Gesammtheit, welche gerade bei den Eisenbahnen in höchstem Maasse in Betracht zu kommen haben, unberücksichtigt lassen; nur die Staatsverwaltung — und nicht das Privatinteresse — hat daher über die Richtung der Eisenbahnen zu entscheiden, denn nur sie kann den allgemeinen Vortheil und zugleich das Staatsinteresse unparteiisch erfassen und im Auge behalten. Zu alledem soll es bereits jetzt vorkommen, dass sich private Eisenbahnunternehmungen in ihren Nöthen hilfesuchend an den Staat wenden, und wenn man alle möglichen Arten der Unterstützung, als da sind: Darlehen, Subventionen, Aktienantheile, Zinsengarantie in Erwägung ziehe, gelange man schliesslich doch dazu, dass sich der Staat allemal mit seinem eigenen Kredit engagire, also eigentlich mit eigenem Gelde die Bahn herstelle, die Verfügung über das Geld jedoch der Privatverwaltung überlasse, ohne dass ihm ein unmittelbarer und entscheidender Einfluss gewahrt bliebe.

Aus diesen Prämissen, welche von dem beträchtlichen Alter der Kontroverse über Staats- und Privateisenbahnen zeugen, erflossen die Verordnungen, durch welche einestheils die ganze Linie Wien-Graz-Triest zur Staatslinie erklärt wurde, wenngleich die erworbenen Rechte der Privatlinie Wien-Wiener Neustadt-Gloggnitz, welche der Staat erst im Jahre 1853 käuflich an sich brachte, anerkannt wurden, anderentheils verfügt wurde, den Bau der Bahn von Olmütz und Brünn über Böhmisch Trübau nach Prag und von Prag nach Bodenbach auf Staatskosten durchzuführen. So geschah es, dass mit Ende des Jahres 1854, als Oesterreich (die im Reichsrathe vertretenen Königreiche und Länder) Alles in Allem 1355.46 Kilometer Eisenbahn besass, 924*) Kilometer,

---

*) Diese Zahl wurde ermittelt nach den Daten des Eisenbahnjahrbuches, und stimmt überein mit den Angaben der Zeitschrift des kgl.

d. h. 68.5 % Staatsbahnen waren; die erste und heute noch zu den grossartigsten zählende Gebirgsbahn, welche, den Semmering überschreitend, Gloggnitz und Mürzzuschlag verbindet, wurde als Staatsbahn hergestellt und am 17. Juli 1854 eröffnet.

Leider war dem so energisch eingeleiteten System der Staatsbahnen kein langes Dasein beschieden; nach kaum 13jähriger Dauer wurde es im Jahre 1854 gesprengt und im Jahre 1858 vernichtet und gänzlich aufgegeben. Die finanzielle Bedrängniss, welche so oft die Geschicke der österreichischen Politik bestimmte, war der Grund des angedeuteten Umschwunges, und zwei Ursachen waren es, welche diese Bedrängniss bewirkten und der Staatsverwaltung die rücksichtsloseste Geldgier einflössten: zunächst die unausrottbaren Defizite im Staatshaushalte und sodann das Streben nach Restitution der Metallwährung, welche Finanzminister BAUMGARTEN und sein Nachfolger BRUCK mit fieberhafter Anstrengung verfolgte. Desshalb wurde zu Ende des Jahres 1854 der Verkauf der nördlichen Staatsbahn (Bodenbach-Prag-Brünn und Olmütz) und der südöstlichen Staatsbahn (ungarische Linien) vereinbart, und die Käufer, zumeist französische Kapitalisten, welche sich als k. k. priv. österreichische Staatseisenbahn-Gesellschaft konstituirten, übernahmen zu Anfang des Jahres 1855 das Eigenthum und den Betrieb der genannten Linien. Die neue Unternehmung bezahlte dem Staate für diese Bahnen nicht viel mehr als die Hälfte der Kosten, welche der Bau und die Inbetriebsetzung erfordert hatte; sie erhielt dafür eine Konzession auf 90 Jahre, die Garantie eines Reinerträgnisses von 5.2 % des Anlagekapitals

---

preuss. statist. Bureaus, Ergänzungsheft XII: die historische Entwickelung des deutschen und deutsch-österreichischen Eisenbahnnetzes von 1838 bis 1881. Berlin 1883. S. 121.

und andere kleinere Vortheile. Im Jahre 1856 wurden die lombardisch-venetianischen Staatsbahnen einem Konsortium von Geldmännern verkauft, in welchem sich neben französischen Kapitalisten auch die Kreditanstalt und das Haus ROTHSCHILD befand; mit Rücksicht auf den Umstand, dass die Monarchie bald darauf die italienischen Länder verlor, erscheint dieser Verkauf als ein glücklicher Zufall. Im Jahre 1858 endlich wurde verkauft, was noch übrig war, nämlich zunächst alles was von den Linien, die wir jetzt Südbahn nennen, fertig war; Käufer war das eben angeführte Konsortium, welches sich als k. k. priv. Südbahn-Gesellschaft konstituirte; sodann die sogenannte östliche Staatsbahn im westlichsten Gebiete Galiziens, welche zum Theil die Kaiser-Ferdinands-Nordbahn, zum Theil die Karl-Ludwigs-Bahn käuflich an sich brachte. ADOLF WAGNER*) berechnet, dass der Staat auf alle diese Bahnen, eine kleine Linie längs der Theiss, welche hier nicht angeführt wurde, inbegriffen, bis zum Ende des Jahres 1859 336.26 Millionen Gulden Konventionsmünze verwendet hat, während er für dieselben nur 168.56 Millionen Gulden Konventionsmünze erhielt, sohin gerade etwa 50 % verlor. — So endete in Oesterreich die erste Episode des Staatseisenbahnsystems; die Metallwährung blieb unerneuert, das Defizit blieb ungetilgt. Im Jahre 1860 besass der Staat nur 13.8 Kilometer Eisenbahnen und bei diesen blieb er bis zum Jahre 1874; es waren diess zwei Abschlusslinien, die eine zwischen Kufstein und der bayrisch-tiroler Grenze, die andere zwischen Bodenbach und der böhmisch-sächsischen Grenze.

Seit dem Jahre 1858 sind volle 15 Jahre verstrichen, ohne dass der Staat auch nur einen Zoll an Eisenbahngrund zu Eigenthum erworben, oder gar in Betrieb genommen hätte.

---

*) Finanzwissenschaft, I, 2. Aufl. Leipzig 1877, S. 598.

Nach Ablauf dieser fünfzehn Jahre begann ein Umschwung Platz zu greifen, welcher schliesslich dahin geführt hat und darin sich darstellt, dass der Staat jetzt, zu Beginn des Jahres 1885, den Betrieb von mehr als 5000 Kilometer Eisenbahnen in Händen hat. Zwei sind die Ursachen dieses Umschwunges: erstens die Stellung, welche der Staat in der gedachten 15jährigen Periode gegenüber den in Händen von Privatunternehmungen befindlichen Bahnen eingenommen, und insonderheit die Art, in welcher er ihnen Unterstützungen angedeihen liess, und zweitens die allgemeine wirthschaftliche Noth, welche im Jahre 1873 ausbrach und durch mehrere Jahre andauerte. Die in diesen Umständen wurzelnden Triebfedern der Eisenbahnpolitik, welche in der einleitend gekennzeichneten staatsfreundlichen Atmosphäre erst recht zu Kraft und Wirksamkeit gelangten, sowie die Art und Weise, in welcher sie zu dem soeben ziffermässig angedeuteten Erfolge geführt, werden Gegenstand der folgenden Untersuchungen sein.

DRITTES KAPITEL.

Die Gründe der Ertheilung von Subventionen an Privateisenbahnunternehmungen, S. 21; Mannigfaltigkeit und Häufigkeit der Subventionen in Oesterreich, S. 23. Die Reinertrags- oder Zinsengarantie und die zwei Arten derselben, S. 23; Beispiele, S. 25; die widerstreitenden Interessen der subventionirten Unternehmung und des Staates, S. 26. Besondere Betrachtung der zwei Arten der Reinertragsgarantie, S. 27. Allgemeines Urtheil über die staatlichen Eisenbahnsubventionen mit besonderer Rücksicht auf Oesterreich, S. 31. Die finanziellen Ergebnisse der Subventionirung der Eisenbahnen: drei besondere Beispiele, S. 33; die Gesammtzahlen, S. 35. Die grosse Belastung des Staatsschatzes und ihr unvermeidlicher Einfluss auf die Eisenbahnpolitik — das Eingreifen der zweiten Ursache des Umschwunges nach 1873, S. 36.

Dadurch, dass sich der österreichische Staat im Laufe der fünfziger Jahre des ganzen Eisenbahnbesitzes und in der Folge des neuen Erwerbes von Eisenbahnen begeben, entschlug er sich keineswegs des passiven Zusammenhanges mit der Herstellung und dem Betriebe von Eisenbahnen und namentlich hörten die finanziellen Eisenbahnlasten durchaus nicht auf. Wenn die Eisenbahnen — wie es damals schon bedingungslos geschah — als mächtiges Vehikel der materiellen und geistigen Kultur und der politischen, administrativen und militärischen, Aktion anerkannt wurden, musste dem Staate ohne Zweifel daran gelegen sein, dass im Bahnbau fortgefahren und das Bahnnetz erweitert werde; war nun der Staat nicht gewillt, selbst Hand anzulegen, so musste er vor allem anderen das Gebiet des Eisenbahnwesens der privaten Initiative und Unternehmungsthätigkeit erschliessen und offen halten. Diess geschah mittelst freigebiger und bereitwilliger Ertheilung von Konzessionen; die Konzession ist nichts anderes als die Bewilligung zum Baue und Betriebe einer Eisenbahn, mit welcher dem Konzessionär mannigfache Rechte verliehen, aber auch vielfache Verpflichtungen auferlegt werden, welche namentlich aus der allgemeinen volkswirthschaftlichen Bedeutung der Eisenbahnen und aus der Gefahr hervorgehen, von welcher Personen und Eigenthum bei sorgloser und leichtfertiger Betriebsführung bedroht sind. Die Konzessionsbedingungen, sowie die Rechte und Pflichten der Konzessionäre wurden neuerlich allgemein geregelt durch das bis jetzt giltige Gesetz vom 14. September 1854, welches die Eisenbahnen den giltigen Betriebsvorschriften unterstellt (derzeit namentlich die Eisenbahn-Betriebsordnung und das Betriebsreglement) und die Maximaldauer der Konzession, des „Privilegiums", auf 90 Jahre festsetzt, nach deren Ablauf das Eigenthum „an der Eisenbahn selbst, an dem Grund und Boden und den Bauwerken" ohne jedes Entgelt und unmittelbar an den Staat übergeht; bezüglich der Tarife wurde den Bahnen ein überaus weiter Spielraum belassen. — Allein bei dem blossen Ertheilen von Konzessionen, bei der blossen Entfesselung der Privatthätigkeit konnte man es leider nicht bewenden lassen, weil das Privatkapital sich nicht immer und nicht überall zu so ausgedehnten, für lange Zeit ertraglosen und immer riskanten Investitionen, wie sie Eisenbahnunternehmungen erheischen, entschliesst. Es blieb daher nichts Anderes übrig, als der Privatthätigkeit noch einige Schritte weiter entgegen zu kommen, und ihr nicht nur freien Spielraum zu gewähren, sondern sie mit materiellen Unterstützungen aus dem Staatssäckel geradezu anzulocken.

Dies ist der Grund, aus welchem der Staat seit den fünfziger bis in die siebziger Jahre eine Verbindlichkeit nach der anderen auf sich nahm; dass man dabei für die richtige Netzbildung und für das Verhältniss der Ertragskombination von Haupt- und Nebenbahnen nur ein minimales Verständniss hatte, oder wenigstens zeigte, sei nur angedeutet, um die alsbald darzustellenden finanziellen Misserfolge der Staatsgarantien begreiflicher zu machen. Wir haben in der That einen bunten und umfangreichen Strauss vor uns, zusammengesetzt aus den mannigfaltigsten Formen von Beiträgen oder Subventionen, welche den Privatunternehmungen seitens des Staates gewährt wurden. Da wurde eine fixe Summe geschenkt (Südbahn 1858), dort durch gewöhnliche Darlehen Forderungen gegen private Unternehmungen erworben, hier verpflichtete sich der Staat zur Leistung jenes Betrages, welcher der Unternehmung zu einer bestimmten Summe des Bruttoerträgnisses fehlen sollte (Südbahn 1867), dort wieder wurde ein Nettoerträgniss entweder nach Prozenten des Anlagekapitals, oder nach absoluten Ziffern garantirt; in anderen Fällen betheiligte sich der Staat an dem Unternehmen durch Uebernahme von Aktien und wenn schon nichts anderes, so gewährte er weitgehende Steuerbegünstigungen. Es ist nicht an uns, denen es sich blos um die finanziellen Thatsachen und ihre Konsequenzen handelt, das Wesen oder gar die Vortheile und Mängel dieser mannigfachen Formen staatlicher Eisenbahnsubventionen ausführlich zu erörtern; wer sich diesfalls eingehend orientiren will, findet Belehrung in der Monographie: Die Staatssubventionen für Privatbahnen von Dr. Gustav Gross (Wien 1882), welcher wir, abgesehen von der stark zentralistischen Färbung, nur die allzu optimistische Auffassung der Ertragsgarantie zum Vorwurfe machen möchten.

Einzig und allein bei der zumeist vorkommenden Ertragsgarantie sei es uns erlaubt ein wenig zu verweilen; sie besteht darin, dass sich der Staat der Unternehmung gegenüber verpflichtet, die Reinerträgnisse des Eisenbahnunternehmens bis zu einem festgesetzten Maximum durch verzinsliche Vorschüsse (Darlehen) zu ergänzen, welche insoweit rückzahlbar sind, als die Nettoerträgnisse das benannte Maximum überschreiten; wenn also beispielsweise der Staat einen fünfprozentigen Reinertrag (Zinsen) des Anlagekapitals garantirt hat und wenn in einem bestimmten Jahre der Reinertrag bloss 3 % desselben erreicht, so ist der Staat verpflichtet, durch Darlehen das Erträgniss bis zu der Summe zu ergänzen, welche ein 5 % Erträgniss (Zinsen) des Anlagekapitals repräsentirt, d. h. der Unternehmung einen Betrag von 2 % des Anlagekapitals zu leihen; wenn jedoch in einem späteren Jahre das Nettoerträgniss der Unternehmung das garantirte Maximum überschreitet, also beispielsweise $6^{1}/_{2}$ % erreicht, so ist die Unternehmung verpflichtet das Erträgniss, welches das garantirte Maximum überschreitet, d. i. $6^{1}/_{2} - 5 = 1^{1}/_{2}$ % ganz oder theilweise als Abschlagszahlung auf das Kapital und die Zinsen des Garantiedarlehns dem Staate abzuführen. Der zwischen dem Staate und der Eisenbahnunternehmung abgeschlossene Vertrag ist also — juristisch definirt — ein bedingtes Versprechen eines bedingt rückzahlbaren Dalehens*). Aus der der Ertragsgarantie bisher gewidmeten Darstellung, welche absichtlich so präzis und wieder so undeutlich, wie sie lautet, formulirt wurde, geht ein Doppeltes hervor: erstens, dass das Meiste daran gelegen ist, wie hoch das Anlagekapital, dessen Ertrag oder Verzinsung garantiert wird, festgesetzt wird, und zweitens, dass am Ende vielleicht die Frage

---

*) Vgl. hierüber Gross a. a O. S. 80 und Jaques, die Rechtsverhältnisse der mit Zinsengarantie versehenen Aktiengesellschaften und die österreichische Eisenbahnpolitik. Wien 1864.

offen bleibt, was in dem Falle Rechtens ist, wenn das Unternehmen gar kein Erträgniss abwirft, sondern mit einem Abgange abschliesst? Aus der unterschiedlichen Lösung der erstangeführten Frage ergeben sich zwei Arten der Ertragsgarantie; die eine kennzeichnet sich dadurch, dass gleich im Vorhinein, in der vom Kaiser auf Grund eines vorhergegangenen Gesetzes erlassenen Konzessionsurkunde der Kapitalsaufwand, welchen der Bau und die Einrichtung der Bahn erfordern wird, fest bestimmt oder vielmehr abgeschätzt (pauschalirt) wird; wenn das Anlagekapital auf diese Weise in absoluten Ziffern angesetzt erscheint, kann auch der garantirte Reinertrag in absoluten Zahlen, mögen diese nun eine 4 oder 5 oder 6 prozentige Verzinsung des Anlagekapitals vorstellen, vorher festgestellt werden. Als Beispiel sei es gestattet die einschlägige Bestimmung der Konzessionsurkunde für die Kaiser-Franz-Josefs-Bahn, welche am 11. November 1866 Z. 141 R.G.Bl. auf Grund des Gesetzes vom 9. August 1865 Z. 67 R.G.Bl. erlassen wurde, anzuführen; dort heisst es in § 17 wörtlich: „Für die konzessionirte Bahn garantirt der Staat ein jährliches Reinerträgniss von 4,130.000 fl. österreichischer Währung in Silber für die Dauer der Konzession, so zwar dass, wenn das jährliche Reinerträgniss obigen Betrag nicht erreichen sollte, das fehlende von der Staatsverwaltung zu ergänzen sein wird. Die Garantie beginnt vom Tage der Eröffnung des Betriebes auf der Linie Pilsen-Budweis und successive vom Tage der Eröffnung des Betriebes auf den vier übrigen Strecken (sind benannt) sammt den Verbindungsbahnen (benannt). Von dem garantirten Jahresreinerträgnisse entfallen für die erwähnten Einzelstrecken, und zwar für Pilsen-Budweis 710.000 fl., Budweis-Eger 574.000 fl." u. s. w. Diese Art der Ertragsgarantie, bei welcher das Anlagekapital im

Vorhinein pauschalirt und die garantirten Erträgnisse ziffermässig festgestellt sind, wurde mehreren Eisenbahnunternehmungen gewährt, so zum Beispiel im Jahre 1855 der Staatsbahn, 1859 der böhmischen Westbahn, 1864 der Lemberg-Czernowitz-Jassyer Bahn, 1866 der Kaiser-Franz-Josefs- und der Kaschau-Oderberger Bahn, 1869 der Vorarlberger Bahn, 1871 der Erzherzog Albrechts-Bahn, 1871 der mährisch-schlesischen Grenzbahn.

Die zweite Art ist die, bei welcher das Anlagekapital, und folglich auch die Maximalverbindlichkeit des Staates nicht im Vorhinein absolut bestimmt wird, sondern der Unternehmung ein bestimmtes Prozent des wirklich aufgewendeten Anlagekapitals als Reinertrag garantirt wird; zur Erklärung sei abermals ein konkretes Beispiel angeführt, welches der Konzessionsurkunde der Kronprinz-Rudolfs-Bahn (St. Valentin-Villach und Nebenlinien) vom 11. November 1866, Z. 142 R.G.Bl. entnommen ist; § 17 dieser Urkunde bestimmt wörtlich folgendes: „Für die konzessionirte Bahn garantirt der Staat ein jährliches fünfprozentiges Reinerträgniss von dem aufgewendeten und gehörig nachzuweisenden Anlagekapitale, nebst der zur Tilgung dieses Kapitals erforderlichen jährlichen Quote in Silber, für die Dauer der Konzession, so zwar, dass, wenn das jährliche Reinerträgniss den garantirten Betrag nicht erreichen sollte, das fehlende von der Staatsverwaltung zu ergänzen sein wird"; der Staatsverwaltung ist die Genehmigung des Tilgungsplanes vorbehalten. Diese Art Garantie wurde, um einige Beispiele anzuführen, im Jahre 1856 der Elisabethbahn, 1856 der Süd-Norddeutschen Verbindungsbahn, 1857 der Karl-Ludwigs-Bahn zu Theil.

Bei beiden Arten der Zinsengarantie wird alsbald ein doppelter Interessenkonflikt zwischen der privaten Unternehmung und dem Staate existent: zunächst aus Anlass der

Feststellung des Anlagekapitals und sodann Jahr für Jahr bei der Feststellung des wirklichen Ertrags der Unternehmung und der Höhe der Staatssubvention. Im Interesse der Unternehmung wird es immer gelegen sein, das Anlagekapital, sei es nun bei der im Vorhinein erfolgenden Pauschalirung, sei es bei der nachhinein gepflogenen Berechnung, so hoch als möglich anzusetzen, damit das garantirte Maximum des Erträgnisses, möge es nun nach einem stillschweigend zu Grunde gelegten Prozentualverhältnisse in absoluter Zahl voraus fixirt sein oder nach dem ausdrücklich benannten Prozent des Anlagekapitals zur Berechnung kommen, möglichst hoch ausfalle; im Interesse der Unternehmung wird es des weiteren gelegen sein, alljährlich ein thunlichst wenig günstiges Erträgniss auszuweisen, damit die Entfernung zwischen diesem wirklichen Erträgnisse, und dem garantirten Maximum möglichst weit sei, und sohin aus der Staatskasse in die Tasche der Unternehmung die höchstmögliche Summe gelange; die Privatunternehmung wird namentlich bestrebt sein, die Betriebsrechnung mit Ausgaben zu belasten, welche in Wirklichkeit Kapitalsveranlagungen sind und mit dem Betriebe nichts zu thun haben (Betriebskonto — Baukonto). Die Interessen des Staates sind in beiden Fällen entgegengesetzt, und desshalb bedingt sich der Staat als Zahler eine mehr oder minder weitgehende Kontrole, sowohl in Bezug auf die ursprüngliche und fortlaufende Berechnung des Anlagekapitals (des Baukontos) als auch in Bezug auf die Gebahrung der Unternehmung und die Ermittlung der wirklichen Erträgnisse (Prüfung der Betriebsrechnungen). Aber wer vertritt die Interessen des Staates und wer die der privaten Unternehmungen!

Die erste Art der Garantie-Subventionen, diejenige nämlich bei welcher das Anlagekapital pauschalirt wird (vgl. das Beispiel der Kaiser-Franz-Josefs-Bahn) hat für die Staatswirthschaft etwas Verlockendes in der festen Normirung der maximalen Belastung der Finanzen; allein dieses Verlockende erwies sich in der Wirklichkeit nur zu häufig als trügerisch. Es ist ein zweifaches Missverhältniss denkbar: entweder wurde das Anlagekapital zu hoch pauschalirt und dann zehrt die Unternehmung dauernd aus den Staatsgeldern; oder dasselbe wurde zu niedrig pauschalirt — und das nachzuweisen wird sicherlich die subventionirte Unternehmung bestrebt sein — und dann erwachsen der Unternehmung finanzielle Verlegenheiten; es mangelt an Geld zur Auszahlung der Koupons (Zinsen) der Prioritätsanleihe, „schwebende Schulden" werden aufgenommen, der Kredit des Unternehmens wird erschüttert und mit ihm angeblich auch der des Staates, welcher mit der Garantie auch eine Art Mitverantwortung auf sich genommen haben soll; wenn dann der Ring der Geldmänner und Unternehmer (railway-interest) mit seiner Machtsphäre bis hinauf in die gesetzgebenden Körperschaften reicht, wie leicht wird eine Erhöhung des garantirten Maximums, oder wenigstens die Gewährung von Darlehen aus der Staatskasse erzielt. Wir führen einige Beispiele solcher nachträglicher Erhöhungen des garantirten Maximums an, ohne jedoch im Entferntesten behaupten zu wollen, dass sich gerade bei diesen der Einfluss jenes plutokratischen Rings, dessen wir soeben im Allgemeinen Erwähnung gethan, geltend gemacht hätte. Die Subvention der Kaiser-Franz-Josefs-Bahn betrug für das Jahr 1879 4,955.789 fl. 21 Kr., was gegen die ursprünglich festgesetzten 4,130.000 eine Erhöhung um 825.789 fl. 21 Kr. bedeutet; der Staatsbahn wurde im Jahre 1855 ein Reinerträgniss von 4,004.000 fl. garantirt, diese Summe aber im Jahre 1866 auf 5,200.000 fl. erhöht; diess blieb an sich ohne praktische Bedeutung, weil die Unternehmung der Subvention nicht mehr bedurfte; allein es wurde der nämlichen Gesellschaft von dem neueren, sogenannten Ergänzungsnetze, d. h. von einem Kapital von 212,500.000 Frs., ein prozentueller Reinertrag garantirt, und die gesonderte Verrechnung der Erträgnisse beider Netze bewilligt, so dass der Staat auf das neue Netz aufzahlte, wogegen das alte Ueberschüsse abwarf — eine — sagen wir Begünstigung, welche leider auch anderen Bahnunternehmungen zugestanden wurde (Kaiser-Ferdinands-Nordbahn, galizische Karl-Ludwigs-Bahn). Des weiteren führen wir die mährische Grenzbahn an, welcher im Jahre 1871 ein Reinerträgniss bis zur Höhe von 336.000 fl. garantirt wurde; diese Summe genügte nicht einmal zur Verzinsung der Prioritäten, so dass die Regierung sich veranlasst fand, im Jahre 1878 die Erhöhung der garantirten Jahressubvention auf 410.057 Gulden zu beantragen; dieser Antrag wurde abgelehnt, dagegen nahm das Abgeordnetenhaus nach einer geradezu Aergerniss erregenden Debatte (am 25. Februar 1879, 428. Sitzung, VIII. Session des Abgeordnetenhauses des Reichsrathes) einen zweiten Antrag an, dem zu Folge der Gesellschaft für das Jahr 1879 ein 5 % Darlehen von 75.000 Gulden zur Auszahlung der Prioritätenkoupons bewilligt wurde. Schliesslich sei die Vorarlberger Bahn genannt, welcher im Jahre 1874 die Garantie-Subvention durch Erhöhung des pauschalirten Anlagekapitals erhöht wurde; geholfen war auch damit nicht und der Staat gab weitere „Vorschüsse".

Die zweite Art der Erträgnissgarantie, bei welcher die Aufzahlung bis zur Maximalquote (Prozent) des wirklich aufgewendeten und hinterher erhobenen Anlagekapitals zugesagt wird, empfiehlt sich auf den ersten Blick dadurch, dass der Staat nicht höher belastet wird, als es gerade zur angemessenen Verzinsung des investirten Privatkapitals erforderlich ist; dies setzt allerdings eine richtige und redliche Berechnung der gemachten Investitionen und der jährlichen Erträgnisse voraus und desshalb bestimmt die Staatsverwaltung im Vorhinein den Begriff des Anlagekapitals. So wird beispielsweise in § 18 der obbezogenen Konzessionsurkunde der Kronprinz-Rudolfs-Bahn als zum Anlagekapital gehörig nachstehendes aufgezählt:

a) die Kosten der Vorarbeiten und des Projekts;

b) die Kosten der Herstellung, Einrichtung und Inbetriebsetzung der Bahn;

c) die 5 % Zinsen für die während der Bauzeit bis zur Eröffnung des Betriebes eingezahlten Kapitalbeträge nach Abzug der Reinerträgnisse von den etwa früher eröffneten Strecken und der Zinsen, welche aus den eingezahlten und nicht sofort verwendeten Geldern erzielt worden sind; und

d) die Kosten der Geldbeschaffung bezw. der Betrag des mit Genehmigung der Staatsverwaltung zugestandenen durchschnittlichen Koursverlustes bei der Aufbringung des baaren Gelderfordernisses durch Hinausgabe von Aktien und Prioritätsobligationen.

Es ist jedoch um nur den ersten und zweiten Punkt zu berühren und die sog. Interkalarzinsen des dritten und den elastischen Begriff der Finanzirungskosten des vierten Absatzes mit Stillschweigen zu übergehen, ein Unterschied zwischen den Baukosten, welche bei der grössten Sparsamkeit nothwendig sind, und zwischen jenen, welche die Unternehmung für den Bau ausgegeben, wirklich ausgegeben hat und als ausgegeben dem Staat wirklich ausweist. Die gesellschaftliche Unternehmung baut beispielsweise die Bahn nicht in eigener Regie, sondern sie vergibt dieselbe einem General-Bauunternehmer (entreprise générale); wenn dieser Generalunternehmer gleichzeitig Konzessionär, d. h. Mitglied der Eisenbahn-Unternehmergesellschaft ist, so schliesst er so zu sagen mit sich selbst den Bauvertrag ab und sichert sich dadurch um so eher einen leicht in die höchsten Beträge gehenden Profit; der Generalunternehmer pflegt alsdann wohl ein gewaltiges Kapital, dafür jedoch keinen Begriff davon zu haben, wie der Spaten angesetzt und wie Brücken und Tunnel gebaut werden;

desshalb vergibt er den Bau in grösseren oder kleineren Losen an weitere Unternehmer und schliesslich auch an wirkliche Ingenieure, von denen jeder so viel als möglich verdienen und so wenig als möglich verbauen will. Auf diese Weise wird sehr schlecht, aber dafür sehr theuer gebaut, und das Baukonto und mit demselben auch die Staatsgarantie wächst zu ungeahnten Dimensionen an. Gegen einen solchen Vorgang ist der Staat wehrlos, wenn er sich nicht im Garantievertrage und in der Konzessionsurkunde eine weitgehende Kontrole und das Recht vorbehalten hat, unverhältnissmässige Ausgaben aus dem Baukonto auszuscheiden, oder wenn er die Kontrole und die Revision nicht handhaben will oder es nicht vermag. Die berührten Vorbehalte waren in den österreichischen Konzessionen für garantirte Bahnen nicht enthalten.

So verhalten oder vielmehr verhielten sich die Sachen in Betreff der staatlichen Unterstützung der Privateisenbahnen in Oesterreich. — Wir verschliessen uns keineswegs der Erkenntniss, dass die staatliche Unterstützung privater Eisenbahnunternehmungen in manchen Staaten nützlich zu sein vermag und es in der That schon gewesen ist, in einigen sogar — und vielleicht gerade in Oesterreich, welches in der Zeit, die in Rede steht, so arg zerrüttete Finanz- und Geldverhältnisse und so wenig volkswirthschaftliche Regsamkeit besass — geradezu unerlässlich war, wenn anders sich das Eisenbahnnetz überhaupt ausbreiten und verdichten sollte; wir verschliessen uns nicht der Erkenntniss, dass sich die besprochene Subventionirung von Privatbahnunternehmungen theoretisch sehr glänzend begründen lässt*), und dies vor Allem durch den geistreichen Hinweis auf den Unterschied zwischen der direkten, oder anders gesagt der privatwirthschaftlichen Rentabilität, d. i. dem Gewinn, welcher dem Einzelunter-

---

*) Vgl. SAX, Verkehrsmittel I. Bd., S. 71 ff. und II. Bd., S. 247 ff. GROSS a. a. O. S. 27 ff.

nehmer zukommt, und welcher möglicherweise gering ist oder auch ganz fehlt, und zwischen der indirekten oder der volkswirthschaftlichen Rentabilität, welche gleichzeitig und vielleicht von allem Anfange an übergross sein kann, und in den mannigfaltigen näheren und entfernteren wirthschaftlichen und ausserwirthschaftlichen Vortheilen besteht, welche der gesammten Volksgenossenschaft durch jede Eisenbahn zu Theil werden: allein wir behaupten, indem wir uns auf die Erfahrung und auf die immanente Gewinnsucht des privaten Unternehmerkapitals berufen, dass es in concreto über alle Begriffe schwierig ist das richtige, wirthschaftlich entsprechende Mass der Subvention festzustellen und dies einestheils desswegen weil den aspirirenden, sachkundigen Privatunternehmern die Regierung, d. h. Beamte, welche mit den Wegen und Stegen der Privatspekulation bisher nur ungenügend vertraut sind, gegenüberstehen, anderentheils aber, weil auf Seite der Regierung sich in rein wirthschaftliche Erwägungen auch politische Rücksichten und Motive bewusst oder unbewusst mengen und einschmuggeln; wir behaupten, dass durch das System der Eisenbahnsubventionen, und besonders durch deren beliebteste Form, die Ertrags- (Zinsen-) Garantie, die Staatskasse nur allzuleicht dauernd und zum Nachtheile der politischen und privaten Moral den Eingriffen und mitunter kühnen Attaquen von Spekulanten preisgegeben wird, und dies wieder um so mehr, wenn die subventionirten Eisenbahnen von Seite des zahlenden Staates nicht auf das straffste in Banden geschlagen werden, wie diess wohl in Preussen (vgl. z. B. schon die Verordnung vom 22. November 1842), nicht aber in Oesterreich geschehen.

Die Stellung, welche der österreichische Staat während der ausschliesslichen Herrschaft des Privatbahnsystems gegenüber den Unternehmungen eingenommen, haben wir uns soeben mit einer Weitläufigkeit zu kennzeichnen erlaubt, welche, obzwar sie das Thema nicht im Entferntesten er-

DRITTES KAPITEL.

schöpft, kaum im richtigen Verhältnisse zu den Dimensionen dieser Abhandlung steht; wir hoffen jedoch, dass dieses Missverhältniss auf der anderen Seite durch das geringe Mass von Kenntniss ausgeglichen und gerechtfertigt wird, welches, wie wir befürchten, weiteren Kreisen diese Thatsachen, denen doch eine so grosse politische, ökonomische, finanzielle und moralische Bedeutung innewohnt, verhüllt.

Wir wollen nun die finanziellen Konsequenzen der Garantie-Verbindlichkeiten, welche der Staat gegenüber den Privatunternehmungen auf sich genommen, in Kürze darlegen. Vorerst möge an drei speziellen Beispielen das Anschwellen der bezüglichen Belastung des Staatsschatzes, sowie auch das Verhältniss, in welchem der Staat in diesen Fällen zu den Gesammteinkünften der Unternehmungen beigetragen, zu Tage treten; letzteres dadurch, dass wir in der zweiten Kolonne das garantirte Gesammtertägniss anführen.

	Für das Jahr:	betrug das garantirte Reinerträgniss im Ganzen in Gulden ö. W. Silber.	Der Staat bezahlte an Garantievorschüssen in Gulden ö. W. Silber.
	1868	128.554·17	51.200 *)
	1869	737.936·66	561.228·56
	1870	1,547.859·39	747.934·63
bei der Kaiser-	1871	2,103.610	803.561·80
Franz-Josefs-	1872	3,038.411·38	954.211·81
Bahn	1873	4,392.139·05	1,378.019·05
	1874	4,583.755·22	2,255.332·95
	1875	4,881.448·60	2,319.000
	1876	4,908.066·90	2,501.073

*) Diese Zahlen stammen aus der Beilage zu den Protokollen des Abgeordnetenhauses des österreichischen Reichsrathes, Z. 678 d. J. 1877, VIII. Session, VIII. Bd. der Beilagen.

Kaizl, Verstaatl. d. östr. E.-B.

DRITTES KAPITEL.

	Für das Jahr:	betrug das garantirte Reinerträgniss im Ganzen in Gulden ö. W. Silber.	Der Staat bezahlte an Garantievorschüssen in Gulden ö. W. Silber.
bei der Kronprinz-Rudolfs-Bahn	1868	285.491·66	254.288·99
	1869	1,370.147·60	1,355.405·61
	1870	2,723.513·60	2,640.695·07
	1871	3,487.352·95	3,176.690·44
	1872	3,877.962·77	3,257.100·15
	1873	5,239.878·41	4,410.479·70
	1874	5,632.130·50	4,930·500
	1875	5,782.172·50	4,910.000
	1876	5,781.595	5,280.000
bei der Vorarlberger Bahn	1872	159.705·96	159.705·96
	1873	651.297·97	651.297·97
	1874	671.130	671.130
	1875	671.090	671.090
	1876	674.745	674.745

Wie die k. k. Regierung in dem, dem Abgeordnetenhause am 1. Dezember 1877 unter Zahl 589 der Beilagen zu dem stenographischen Protokolle der VIII. Session vorgelegten Gesetzentwurfe angibt, wurde laut der Finanzgesetze (Budgets) an 4 % Eisenbahn-Garantievorschüssen gewährt:

Im Jahre:	einschliesslich des Agioverlustes
1868 . . .	1.437.000 fl.
1869 . . .	4,151.000 „
1870 . . .	8,247.000 „
1871 . . .	10,930.000 „
1872 . . .	13,119.000 „
1873 . . .	14,950.000 „
1874 . . .	13,332.000 „
1875 . . .	17,303.000 „
1876 . . .	23.124.000 „
Zusammen 1868—1876 . . .	106,593.000 fl.

DRITTES KAPITEL.

(einschliesslich des Agioverlustes), abgesehen von den aufgelaufenen 4 % Zinsen dieser Vorschüsse.

Nach den Berechnungen des Berichtes, welcher dem Abgeordnetenhaus seitens des Eisenbahnausschusses im Mai 1877 unter Zahl 678 der Beilagen zu dem stenographischen Protokolle der VIII. Session unterbreitet wurde, verhält es sich mit der Vertheilung und Höhe der Garantie-Subventionen folgendermassen:

Bezeichnung der Eisenbahnunternehmung (Bahn)	Für die Jahre 1859—1876 wurde an Garantievorschüssen bezahlt fl.	4 % Zinsen dieser Summe bis Ende 1876 fl.	Gesammtsumme der Garantieschuld fl.
Lemberg-Czernowitz-Jassyer	12,832.812	2,321.819	15,154.631
Franz-Josef	11,571.561	1,291.993	12,863.555
Rudolf	30,215.159	3,824.811	34,039.971
Kaschau-Oderberger	1,956.976	263.814	2,220.790
Karl-Ludwig	3,700.571	324.588	4,025.160
Mähr.-schles. Nord	4,804.644	587.438	5,392.082
Nordwest	10,061.326	927.013	10,988.339
Süd-norddeutsche Verb.	9,227.265	3,233.830	12,461.096
Ungar. West	1,106.897	75.532	1,182.429
Ungar.-Galizische	3,843.528	293.797	4,137.326
Vorarlberger	2,827,968	232.249	3,060.218
Albrecht	2,152.442	92.495	2,244.937
Elisabeth	10,961.492	660.618	11,622.111
Mähr. Grenz	762.280	29.466	791.746
Staats	2,336.700	86.177	2,422.877
Brünn-Rossitzer	64.000	1.159	65.159
Zusammen	108,425.621	14,246.799	122,672.427

DRITTES KAPITEL.

Wir sagten am Ende des zweiten Kapitels dieser Untersuchungen, dass der Staat durch volle 15 Jahre von 1858 bis 1873 den Eisenbahnbau und Betrieb durchwegs der Privatinitiative überlassen, und dass die spezielle Veranlassung des Umschwunges, welcher nach dem Jahre 1873 in der Eisenbahnpolitik eingetreten ist, eine zweifache ist: nämlich erstens die Stellung, welche der Staat in der genannten 15jährigen Periode den Privateisenbahnen gegenüber eingenommen und namentlich die Art, in welcher er ihnen Unterstützungen gewährte; und zweitens die allgemeine wirthschaftliche Bedrängniss, welche im Jahre 1873 ausbrach und mehrere Jahre hindurch anhielt. Wir versuchten soeben die erste dieser Thatsachen klar zu legen, indem wir die unterstützende Stellung des Staates zu den Privateisenbahnen beleuchteten. Die ursprüngliche und leitende Absicht ging in Oesterreich — ebensogut wie in Frankreich, ja auch in Preussen — dahin, die private Unternehmerthätigkeit dadurch anzuregen und in Bewegung zu bringen, dass den Unternehmern reine Erträge ihres Anlagekapitals sichergestellt wurden, zu welchen jedoch — wie man vermuthete und hoffte — seitens des Staats nur in den wenigen ersten Jahren, derer das Unternehmen bedarf, um sich einzuleben und die volle privatwirthschaftliche Rentabilität zu erlangen, hätte beigesteuert werden müssen; das Ende war, dass der Staat von Jahr zu Jahr mehr zahlte, dass diese Garantiesubventionen oder richtig gesagt Garantiedarlehen bereits die Höhe von rund 5 $^0/_0$, das heisst des zwanzigsten Theils aller Budgetausgaben erreicht hatten, und dass es der optimistischste Staatsbuchhalter wohl kaum gewagt hätte, diese kolossalen Forderungen des Staates an die Eisenbahnen auch nur auf das Conto dubioso zu setzen*). Wir

---

*) Die böhmische Westbahn ist die einzige Bahn, welche die Garantiedarlehne ganz berichtigt hat.

zweifeln nicht im Geringsten, dass diese Ergebnisse der gedachten Eisenbahnpolitik Bedenken wachgerufen und Reformen gezeitigt hätten, aber wir zweifeln, dass man so bald und in der Weise wie es geschehen, bedacht und reformirt hätte, wenn die volkswirthschaftliche Katastrophe des Jahres 1873 nicht eingetreten wäre. Deshalb halten wir dafür, dass unsere Schilderung einseitig, ja geradezu unrichtig wäre, wenn wir in der Erklärung der ferneren Schicksale und Folgen der unterstützenden Thätigkeit des Staates blindlings fortfahren, und aus dem Gesammtstrome der Ereignisse das, was Subventionen und garantirte Eisenbahnen betrifft, herausreissen und loslösen wollten, ohne zugleich die bedeutungsvolle Thätigkeit, welche inzwischen nach anderen Richtungen entfaltet wurde und ganz besonders die Anschauungen über Eisenbahnpolitik, welche in der Zwischenzeit die Oberhand erlangten, aufmerksam zu beachten. Aus diesem Grunde sei es erlaubt, die Aufmerksamkeit nunmehr den Konsequenzen des Kataklysmus des Jahres 1873 zuzuwenden, um sodann das vereinigte Wirken der beiden wiederholt bezeichneten Ursachen zum Gegenstande der Betrachtung zu machen.

VIERTES KAPITEL.

Die Krisis des Jahres 1873, S. 39; ihre unmittelbare Wirkung auf die Eisenbahnunternehmung, S. 40; die wachsende Belastung des Staatsschatzes, S. 41; die Frage der Betriebsdefizite, S. 41. Der Nothstand als Veranlassung staatlicher Eisenbahnbauthätigkeit, S. 42. Keine grundsätzliche Aenderung der Eisenbahnpolitik, S. 44. Die Bedeutung der Thatsache dass der Staat nun Eisenbahnen baute, S. 45. Das eisenbahnpolitische Programm der Regierung vom Jahre 1875, S. 47; die konkreten Bauvorlagen, S. 51; das Verhalten des Parlaments, S. 54. Allgemeine Erwägung der Geschehnisse der Jahre 1873—76, S. 55.

Mit dem Ausgange der sechziger Jahre begann sich der Unternehmungsgeist mit erstaunlicher Hast zu entfesseln; das durch steigenden Gewinn und günstige Konjunkturen geblendete Kapital drängte sich gierig zu Unternehmungen so zweifelhafter Natur und zu Investitionen so abenteuerlicher Art, dass es bloss geringer Ueberlegung und Umsicht bedurft hätte, um deren wirthschaftliche Nichtigkeit in helles Licht zu stellen; aber die blassen und kühlen Töne der Ueberlegung und Umsicht wurden durch die rosige Färbung des Spekulationsfiebers verdrängt und bewältigt. Den oben angeführten Zahlen ist zu entnehmen, dass in den Jahren 1871 und 1872 die österreichischen Eisenbahnen die grösste Erweiterung (1207.56 und 1154.41 Kilometer) erfuhren; eine grosse Anzahl von Eisenbahnkonzessionen wurde in diesen Jahren ertheilt, was schon ein flüchtiger Ueberblick des Sachregisters im Reichsgesetzblatt nachweist. Gelang es nicht, vom Staate eine Ertragsgarantie zu erlangen, so nahmen die Gründer und Konzessionäre mit diesen oder jenen Steuervortheilen vorlieb, und wenn es auch diese nicht gab, begnügte man sich schliesslich auch mit der blossen Konzession. Im Jahre 1873 erreichte der Spekulationstaumel den Gipfelpunkt, und im Monate Mai desselben Jahres, zur selben Zeit als die Weltausstellung in Wien eröffnet wurde, brach die Katastrophe aus, hervorgerufen durch die plötzliche Ernüchterung, Kleinmuth und Aengstlichkeit, die gegentheiligen Extreme der bisherigen unternehmungslustigen Stimmung. So wie exotische Blumen, welche in der künstlichen Temperatur und Beleuchtung des Treibhauses üppig sich entfaltet und gewuchert, dahinwelken, wenn die sonst sorgfältig erhaltene Wärme den zerstörten Mauern entweicht und heimathliche Luft und Licht ungekünstelt frisch und hell von allen Seiten eindringt: so brachen gar manche Unternehmungen zusammen, nachdem die Bedingungen, unter welchen sie entstanden und gediehen, das Licht der optimistischen wirthschaftlichen Anschauung und die Wärme der heiteren Unternehmungslust durchaus entschwunden waren. —

In den nachbenannten Stadien waren und konnten die Eisenbahnunternehmungen in dem Augenblicke sein, als die Katastrophe eintrat: entweder sollten sie gerade in Angriff genommen werden, nachdem für sie zunächst erst die Konzession ertheilt worden war, oder es war bereits Hand angelegt und der Bau begonnen worden, oder aber sie waren fertig und dem Betriebe übergeben. Dem entsprechend offenbart sich die Spur der Katastrophe vorerst darin, dass einzelne Konzessionsrechte formell als erloschen erklärt wurden, weil sie innerhalb der festgesetzten Frist nicht ausgeübt und praktisch verwerthet worden; so z. B. erlosch im Jahre 1874 die Konzession für die Bahn von Altheim längs des Inns nach Schärding, für die Linie Bozen-Meran, für die grosse böhmische Bahn Liebenau-Rakonitz-Protiwin-Kuschwarda. Für Bahnen, welche man seitens der Regierung gerne konzessionirt und ausgebaut gesehen hätte, fand sich kein Unternehmer, obzwar dem besagten Wunsche im Gesetze Ausdruck verliehen, und dem erwarteten Bewerber konzessionsmässige Vortheile zugesichert worden waren; wir verweisen unter vielen bloss auf die dalmatinischen und istrianer Bahnen und auf die Linie Tarnow-Leluchow in Galizien. Im Bau begriffene Bahnen kamen in die grösste Bedrängniss, und es wurden Staatsunterstützungen angesprochen, welche der Staat in mehreren Fällen in Form von Baudarlehen (Vorschüssen) auch gewährte; wir verweisen auf die Pilsen-Priesner, resp. Pilsen-Eisensteiner, die Buschtěhrader, die Rakonitz-Protiviner Bahn, ferner auf die erste ungarisch-galizische Bahn (Przemysl-Lupkow), Leobersdorf-St. Pölten; der Staat liess sich einige dieser Vorschüsse durch Aktien der unterstützten Unternehmungen ersetzen, und wurde somit selbst Aktionär und Mitunternehmer. Die gänzliche wirthschaftliche Impotenz trat bei vielen, besonders bei kleinen Eisenbahnunternehmungen, welche dem Betriebe bereits übergeben waren, zu Tage: die Erträgnisse genügten kaum zur Deckung der laufenden Auslagen, geschweige denn zur Verzinsung der aufgenommenen Hypothekarschulden (Prioritäten) oder gar zur Auszahlung von Aktiendividenden; zum Beispiele möge die Vorarlberger Bahn dienen, welcher der Staat mit dem Gesetze vom 28. März 1875 Nr. 58 R.G.Bl. die Zahlung der Betriebsdefizite bis zum Betrage von 911.000 Gulden zusichern musste; dann die Linie Braunau-Strasswalchen in Oberösterreich, welche frühzeitig Exekutionen verfiel; oder die mährische Grenzbahn, oder die Dniesterbahn; dann die Albrechts-Bahn in Galizien u. a.

Die Dniesterbahn in Galizien hatte beispielsweise im Jahre 1873 eine Einnahme von 303.351 fl. und eine Ausgabe von 346.553 fl., daher einen Abgang von 43.202 fl.; im Jahre 1874 ergab die Differenz der Einnahmen von 289.161 fl. und der Ausgaben von 379.235 fl. ein Defizit von 90.074 fl. und im Jahre 1875 gingen 105.500 fl. ab; die Verzinsung der Prioritäten wurde im Jahre 1874 eingestellt, schwebende Schulden häuften sich an und die Gläubiger leiteten die Exekution ein und schickten sich zur Konkurseröffnung an. Bezüglich der Braunau-Strasswalchener Bahn plaidirte im Jahre 1877 der Abgeordnete Herr Skene im Reichsrathe sogar dafür, die Schienen aufzureissen und die Bahn als ein todtgeborenes Kind der Spekulation ganz aufzugeben.

Dass bei den garantirten Bahnen die Konsequenzen der unglücklichen Konjunktur auf den Staat überwälzt wurden, dass die finanzielle Garantielast anschwoll, dass es zu Erhöhungen der garantirten Zuschüsse und zu anderweitiger Inspruchnahme der Staatskasse kam, erhellt aus dem vorangehenden Kapitel. In jenen Zeiten erlangte die Frage, deren Existenz wir oben flüchtig angedeutet haben, praktische Bedeutung, was nämlich in dem Falle Rechtens ist, wenn eine garantirte Eisenbahnunternehmung überhaupt kein Reinerträgniss erzielt, sondern wenn das Ergebniss der Betriebsthätigkeit zum Defizit wird; aus dem Wortlaute der Gesetze und Konzessionsurkunden, mittelst welcher die Garantie in dieser oder jener Form zugesprochen wurde, war eine klare und subtilen juristischen Anfechtungen gewachsene Lösung der genannten Frage nicht in allen Fällen zu entnehmen. Allein so viel scheint denn doch immer einzuleuchten, dass, wenn Jemandem ein Reinerträgniss bis zu einer bestimmten Höhe garantirt wird, damit doch die erste Bedingung jedes Reinertrages, und das ist die Deckung der Betriebskosten, garantirt wird und diese waren eben nicht gedeckt, wenn das Unternehmen mit einem Defizit abschloss; auf diese Fälle dürfte die Interpretationsregel: in majori continetur minus Anwendung finden. So drängte sowohl die ratio juris und noch energischer die ratio aequitatis den Staat dahin, den nothleidenden garantirten Eisenbahnen entgegenzukommen, und diesem Drängen war nicht zu entrinnen.

Die allgemeine volkswirthschaftliche Noth wirkte jedoch, was die Eisenbahnen belangt nicht allein dadurch auf den Staat zurück, dass sie seine Finanzen in Mitleidenschaft zog, indem sie ihn zum Ertheilen resp. Erhöhen der Eisenbahnsubventionen in verschiedener Form zwang oder bewog; sie bewirkte eine weitere, wir möchten sagen energischere Aktion der Eisenbahnpolitik. Schon vor der Maikatastrophe des Jahres 1873 waren einige projectirte Eisenbahnlinien im allgemeinen Interesse des Reiches und der Länder als so wichtig erkannt worden, dass der Regierung im Wege der Gesetzgebung aufgetragen wurde, die Ausführung derselben durch Konzessionsertheilung sicherzustellen, gegebenen Falles jedoch den Bau auf Staatskosten ausführen zu lassen; dies war der Fall bei der Istrianer und der Tarnow-Leluchower Bahn (vgl. die Gesetze vom 22. April 1873 Nr. 60 R.G.Bl. und vom 30. April 1873 Nr. 79 R.G.Bl.). Ingleichen sollten die dalmatinischen Bahnen, sowie ursprünglich die Tarnow-Leluchower (Gesetz vom 29. Juni 1872 Nr. 106 R.G.Bl.), als konzessionirte Bahnen hergestellt werden (Gesetz vom 30. April 1873 Nr. 80 R.G.Bl.), allein es fand sich kein Konzessionswerber, und es wurde überdiess mit der ungarischen Regierung kein Uebereinkommen bezüglich der Anschlüsse erzielt; mit dem Gesetze vom 16. Mai 1874 Nr. 63 R.G.Bl. wurde die Durchführung des Baues auf Staatskosten genehmigt. Die ersten Baukosten der Tarnow-Leluchower, der Istrianer und der dalmatinischen Bahnen sollten aus der bekannten 80 Millionen-Hilfsdotation gedeckt werden, welche unter anderen auch dazu bestimmt war, den Eisenbahnbau, „durch dessen Störung wichtige Industriezweige bedroht sind, durch Betheiligung an der Kapitalsbeschaffung zu erleichtern". Dass die Regierung Privatbewerber erwartet hatte, geht aus der Gegenüberstellung ihres Vorgehens in Betreff der Eisenbahnen Tarvis-Predil-Görz und Innsbruck-Arlberg-Bludenz hervor (vgl. die Gesetzentwürfe, welche von der Regierung in der VII. Session des Reichsrathes 1871/73 unter Zahl 134 und 135 der Beilagen zu dem stenogr. Prot. des Abgeordnetenhauses eingebracht wurden); hier wurde nämlich der Staatsbau direkt in Vorschlag gebracht, weil — wie hervorgehoben wurde — wegen der Schwierigkeit und Kostspieligkeit des Baues ein privater Unternehmungswerber nicht zu erwarten steht. Zu den Umständen, welche bereits vor dem Monate Mai 1873 die Herstellung der angeführten drei Bahnen wünschenswerth und geboten erscheinen liessen, hatte sich indess nach diesem Zeitpunkte ein weiterer gesellt: der Mangel an Verdienst und die Noth der Bevölkerung, welche durch den Bau gelindert werden sollte; eine solche Bedeutung wurde diesem Momente beigemessen, dass man geradezu von Nothstandsbauten sprach. In die Reihe der also bezeichneten Eisenbahnen trat sodann noch die Linie Rakonitz-Protiwin, deren Ausführung der Staat nach mehrfachen Transaktionen mit den Konzessionären mit dem Gesetze vom 16. Mai 1874 Nr. 65 als Nothstandsbau auf sich nahm; aus Anlass der Berathung dieses Gesetzes im Hause der Abgeordneten sagte ein Redner: „Mit den Staatseisenbahnbauten würden wir viel besser fahren als mit dem jetzigen System der Konzessionirungen, bei welchem die Herren Konzessionäre ihre Konzessionen nur so lange behalten und verkaufen, als sie Geld eintragen; wenn sie aber sehen, dass sie sich verspekulirt haben, sich schnell wie die Schnecken in ihr Haus zurückziehen und an den Staat herantreten und sagen: „Staat, baue Du jetzt, denn ein Geschäft ist nicht mehr zu machen, nimm das Risiko auf Dich."

So nahm denn der Staat im Jahre 1874 an vier verschiedenen und entfernten Punkten des Reiches, im galizischen Osten, im böhmischen Westen und im Süden in Dalmatien und Istrien den Bau kleiner Eisenbahnlinien in Angriff, nicht um ein wohldurchdachtes und nach allen Richtungen entsprechendes Staatsbahnsystem zu inauguriren, sondern theils um durch den Bau der nothleidenden Bevölkerung Arbeit und Verdienst zu schaffen, theils um hinsichtlich einiger für dringend nothwendig erachteter Linien die versiegte Kraft der Privatunternehmung zu ersetzen (so z. B. die Verbindung des Kriegshafens in Pola mit dem österreichischen Eisenbahnnetze vermittels der Istrianer Bahn). Dass man an eine grundsätzliche Aenderung der Eisenbahnpolitik oder gar an eine grossartig angelegte Verstaatlichungsaktion in diesem Zeitpunkte (1873 und 1874) — wie gesagt — auch nicht im entferntesten dachte, dafür spricht die Ausdehnung und Lage der angeführten Linien, welche klein und nach allen Winkeln des Reiches zerstreut sind, dann der zufällige Charakter der Motive der staatlichen Thätigkeit, die Ablehnung des eigenen Betriebes, welcher wir selbstverständlich schon in den Motiven zu dem älteren Projekte der Predil- und Arlbergbahn begegnen, und schliesslich ganz besonders die fernere Entwickelung der Eisenbahnpolitik, darunter namentlich die Transaktion bezüglich der Tarnow-Leluchower Bahn, welche der Staat, wie dies geeigneten Orts darzustellen sein wird, im Januar 1876 dem Parlamente in Vorschlag brachte.

Diess war der Stand zu welchem die Dinge in den ersten

zwei Jahren nach den Ereignissen des Monats Mai 1873 gediehen waren. Die nicht garantirten Eisenbahnen befanden sich in einer bedenklichen Bedrängniss, den garantirten erging es nicht besser, die privatunternehmerische Initiative war dahin und das Elend im Volke gross. Nothgedrungen musste der Staat den Standpunkt des unthätigen Zahlers von Garantiesubventionen verlassen; er griff dort ein wo es am ärgsten war, oder wo es der Art geschildert wurde; er erhöhte die Subventionen, zahlte Betriebsdefizite, ertheilte Bauvorschüsse, erwarb Aktien von Privatunternehmungen, und baute schliesslich selbst. Uns dünkt es als sähen wir die Folgen der Bestürzung und des Schreckens nach der grossen Katastrophe des Monats Mai: eine zersplitterte, undurchdachte, systemlose Hilfsaktion, bei welcher vielleicht einiges an gutem Willen und wohl auch mancher Gulden verschwendet wurde. In dieser Annahme bestärkt uns einestheils die Haltung der gesetzgebenden Körper, welche nicht die Zeit fanden ihre moralische und intellektuelle Kraft auf die wirthschaftliche und finanzielle Lage zu konzentriren, sondern es für weitaus dringender und erspriesslicher erachteten, des langen und breiten die neuen Kirchengesetze zu besprechen, anderentheils das Versprechen, welches die Regierung durch den Mund des Handelsministers nicht eher als am 24. November 1874 dem Abgeordnetenhause dahin gab, dass erst im Jahre 1875 ein genaues Eisenbahnprogramm unter Bedachtnahme auf die planmässige Entwickelung des Eisenbahnnetzes und unter Zugrundlegung der „bei einigen neuerlich versuchten Staatseisenbahnbauten" gesammelten Erfahrungen vorgelegt werden wird.

Doch sei dem wie ihm wolle, die Bresche war fertig, der Staat hatte Hand ans Werk gelegt, um Eisenbahnen zu bauen; und so wie jede Thatsache, ob sie nun als längst in Aussicht genommene Folgerung gründlicher Erwägung und langjährigem Streben und Schaffen entquollen, oder ob sie wie aus der Pistole geschossen in die alten Verhältnisse gefallen, die Gegenwart und die Zukunft durch ihr blosses Bestehen beeinflusst und besticht und an Weihe und Unantastbarkeit schon durch den Verlauf der Zeit gewinnt: so wirkte auch dieses Faktum, indem es durch seine blosse Existenz darthat, dass das, woran man so lange nicht gedacht, möglich, vielleicht vernünftig sei, und jenen, welche die Besserung der Eisenbahnverhältnisse anstrebten, auch in Oesterreich neben dem bisherigen einen neuen Weg wies. Die Staatseisenbahn — oder vielmehr vorläufig bloss der Staatseisenbahnbau — nun war er gekommen und stand da, und mit grosser Unsicherheit wurde er angefasst; war es richtig oder unrichtig, dass man ihn in Angriff genommen? sollte man fortfahren und bis zu welchen Grenzen? grundsätzlich und wo nur immer möglich, oder nur da und dort, nur aus Noth? sollte der Staat beim nackten Eigenthum es bewenden lassen oder sollte er auch den Betrieb in die Hand nehmen? das sind gewichtige Fragen; eine klare und entschiedene Eisenbahnpolitik hätte sich aus der klaren und entschiedenen Beantwortung derselben ergeben; allein eine solche gab es nicht — mit Ausnahme eines einzigen Punktes, dessen, dass sich der Staat der Betriebsführung enthalten müsse (vgl. die Regierungsvorlagen betreffend die Vereinigung der Lemberg-Czernowitzer mit der Albrechts-Bahn, der Tarnow-Leluchower und der Dniesterbahn, VIII. Session des Abgeordnetenhauses, Beilage Zahl 444; betreffend die Bahn Tarvis-Pontebba, VIII. Session, Beilage Zahl 459 und viele andere). Wir setzen den raschen, ja geradezu plötzlichen Eintritt des besprochenen Ereignisses, des Staatseisenbahnbaues, zum weitaus überwiegenden Theile auf Rechnung der Krise des Jahres 1873 und ihrer Folgen und berufen uns an dieser

Stelle auf das, was am Schlusse des dritten Kapitels dieser Erwägungen bei Konstatirung des nächsten Erfolges der einen von den angeführten Ursachen des eisenbahnpolitischen Umschwunges hervorgehoben wurde.

Allein wir müssen den Strom der Ereignisse in seinem weiteren Fortschreiten und Vordringen verfolgen. — In der That wandten Regierung und gesetzgebende Körper erst in der Session des Abgeordnetenhauses, welche im letzten Viertel des Jahres 1875 und im ersten Viertel des Jahres 1876 stattfand, ihre Aufmerksamkeit der Gesammtheit der österreichischen Eisenbahnverhältnisse zu, ohne wie bisher bloss an der einzelnen Erscheinung und an systemlosen Palliativen haften zu wollen — und Niemand vermag es zu bestreiten, dass diess mit grosser Thatkraft und Eifer geschehen; in solcher Ausdehnung beherrschten und füllten Eisenbahnangelegenheiten die Tagesordnungen der einzelnen Sitzungen, dass wir nicht Anstand nehmen die genannte Session des Reichsrathes als eine Eisenbahnsession par excellence zu bezeichnen. Gleich bei Beginn der Session, am 29. Oktober 1875, ergriff der Handelsminister (Ritter von CHLUMECKY) das Wort, um das Versprechen seines Amtsvorgängers zu erfüllen, die Lage des Eisenbahnwesens darzustellen und das Eisenbahnprogramm der Regierung zu entwickeln. Dieses interessante Exposé beleuchtet zunächst in allgemeinen Umrissen den bestehenden Zustand und dessen Ursachen und ergeht sich sodann in einem zweiten Theile in Erwägungen über die möglichen Remeduren; der Gedankengang desselben ist der Hauptsache nach der folgende:

Die Eisenbahnen in Oesterreich sind zur Zeit (Oktober 1875) ausschliesslich in Händen von Privatgesellschaften und geniessen zum grösseren Theil direkte Unterstützungen seitens des Staats und das zumeist in Form der Sicherstellung bestimmter Reinerträgnisse; die ökonomische Lage dieser garantirten Eisenbahnen ist schlecht: einige nehmen die Garantie fortwährend in Anspruch und die Hoffnung auf Rückzahlung der Vorschüsse rückt in immer weitere Ferne; andere wieder decken aus ihren Erträgnissen nicht einmal die Betriebskosten. Nicht minder elend ist die Lage der nichtgarantirten Bahnen; jene Unternehmungen, welchen der Staat in neuester Zeit Bauvorschüsse zukommen liess, vermochten sich bisher das weitere zur Durchführung des Unternehmens erforderliche Kapital nicht zu beschaffen. Das Eisenbahnnetz ist durchaus nicht entsprechend; es fehlen Linien von grösster kommerzieller, handelspolitischer oder volkswirthschaftlicher Wichtigkeit, während auf der anderen Seite häufig in derselben Richtung mehrere Bahnen laufen; zu alledem sind häufig Linien, welche ein Ganzes bilden und naturgemäss in eine Hand gehörten, in mehrere selbstständige Unternehmungskörper zersplittert. Nicht weniger unbefriedigend sind die in den Eisenbahntarifen festgesetzten Beförderungspreise, obzwar die Last, welche dem Staate aus seinem Verhältnisse zu den Bahnen erwächst, ungeheuer gross ist; überhaupt ist die Aufsicht und die Gewalt des Staates über die Eisenbahnen mangelhaft, was in gleicher Weise von der staatlichen Prüfung der Betriebsrechnungen gilt, welche, wie aus dem III. Kapitel dieser Abhandlung erhellt, die Grundlage für Feststellung der jährlichen Garantiesubvention bilden. — Das Exposé erblickt die Ursachen von allem dem einestheils in Verhältnissen, welche „ausserhalb des Eisenbahnwesens" gelegen sind und rechnet zu denselben: die Verschiedenheit des Terrains, die ungleiche Dichte und Kultur der Bevölkerung, die durchgeführten staatsrechtlichen Veränderungen der österreichischen Monarchie, die Theuerung des ausländischen Kapitals und schliesslich die Krise; anderestheils in den bestehenden administrativen und legislativen Einrichtungen, welche zur Folge hatten: die ungenaue Veranschlagung der Anlagekosten; den Mangel an System und Prinzip bei der Entwickelung und dem Ausbau des Eisenbahnnetzes, wobei besonders die Täuschung, der man sich lange Zeit in Bezug auf die Wirkungen der Konkurrenz der Eisenbahnen hingab, von Belang war; die Bereitwilligkeit in Sachen der Konstituirung und Konzessionirung allzukleiner, an sich ganz und gar nicht lebensfähiger Gesellschaften und die geringe Voraussicht ihrer Ertrags- und Entwickelungsfähigkeit; endlich kommt der Umstand in Betracht, dass es sich bei der Gründung von Eisenbahnen viel weniger um die Entwickelung des Eisenbahnwesens als um „recht geschickte" Befriedigung gewinnsüchtiger Spekulationen handelte. „Es gab — heisst es wörtlich — keine mögliche oder unmögliche Linie, für welche sich nicht Unternehmer und Förderer gefunden hätten . . . . es häuften sich riesige Gründungskosten für Ausgaben, die mit der eigentlichen Eisenbahnunternehmung sehr wenig zu thun hatten. Unternehmungen, die an und für sich schon wenig rentabel waren, wurden mit einer kolossalen, ihre Ertragsfähigkeit weit übersteigenden Zinsenlast von vornherein belastet. So entstanden insbesondere angesichts des trügerischen Glaubens an eine ganz enorme Entwickelungsfähigkeit des Verkehres, eines Glaubens, welcher sich aller Kreise bemächtigte, jene kranken Existenzen, die uns heute recht schwere Verlegenheiten bereiten". So urtheilte im Jahre 1875 der österreichische Handelsminister über die österreichische Eisenbahnpolitik, und im Parlamente wurde bei dieser oder — sollte uns das Gedächtniss täuschen — bei einer späteren Gelegenheit gewitzelt, dass Oesterreich die mannigfaltigsten Arten von Eisenbahnen besitze: primäre und sekundäre, garantirte und nichtgarantirte, militärische und commerzielle u. s. f. — nur eine fehle, und das seien die rentablen.

Die Remedur dieser beklagenswerthen Zustände erblickt das Exposé in Vorkehrungen, welche wir in grösster Kürze anführen wollen; sie lauten: Reorganisirung der Generalinspektion der Eisenbahnen; genaue Prüfung der Betriebsrechnungen der garantirten Eisenbahnen; Reform des Konzessionsgesetzes, der Betriebsordnung und des Expropriationsverfahrens; Förderung der Verschmelzung (Fusion) nothleidender Eisenbahnen mit anderen; Reform des Garantiewesens im Allgemeinen und insbesondere Erhöhung der bewilligten Garantie in jenen Fällen, wo die Unternehmung neue Kapitalanlagen vornimmt (Bauten, Ergänzungen, Erweiterungen u. a.); denn in dieser Beziehung wurde bisher sehr oft in der Weise vorgegangen, dass die Unternehmung die Kosten derartiger Neuanschaffungen und Neuherstellungen einfach auf die Betriebsrechnung setzte, nach deren Saldo die Garantie ausbezahlt wurde; auf Grund dessen lieh sodann der Staat der Unternehmung nicht etwa die abgängige Ertrags- (Zinsen-) Summe, sondern gleich das ganze Kapital, was ganz unbestreitbar der Garantiestipulation zuwiderlief; es lag demnach zweifellos im Interesse des Staates, lieber die Jahresgarantie um den auf das neu aufgewandte Kapital entfallenden Ertrag (Zins) zu erhöhen. „Eine andere Maassregel, — sagte der Minister — die ins Auge gefasst werden kann, ist der Staatseisenbahnbetrieb; ich muss prinzipiell die Zulässigkeit und nach Umständen auch die Zweckmässigkeit einer solchen Maassregel anerkennen" — aber zur Zeit sehe die Regierung davon ab, weil die Linien, um welche es sich handeln könnte, zu einem solchen Versuche nicht sehr einladen; möglicherweise werde vielleicht bezüglich der einen oder anderen Linie derartiges doch beantragt werden. Ein weiteres negatives Mittel liegt in der Nichtzulassung von Gründergeschäften der oben geschilderten Art und in der Nichtertheilung so beschaffener Konzessionen; endlich in der Einwirkung auf die planmässige Entwickelung des Eisenbahnnetzes.

In dieser letzteren Beziehung wurde alsbald ein konkretes Programm vorgelegt, indem sechs Haupt- (primäre) Bahnen bezeichnet wurden (die Donauuferbahn, die Arlbergbahn, die Predilbahn, die böhmische Transversalbahn, die Ergänzungslinien in Galizien und Dalmatien), deren Herstellung die Regierung im allgemeinen Staatsinteresse vor allem anderen anstreben will. Desgleichen wurde die Dringlichkeit der Lokalbahnbauten berührt. Das Exposé wirft die Frage auf, in welcher Weise der Staat das Zustandekommen dieser Bahnen in Bezug auf die Beschaffung der Geldmittel fördern solle, und beantwortet dieselbe dahin, dass da wohl die Aufstellung eines Prinzipes nicht zulässig sei, sondern dass es sich empfehle von Fall zu Fall zu entscheiden und immer nur denjenigen Modus zu wählen, welcher die Staatskasse am geringsten belastet; „ganz dasselbe gilt von der Frage, ob Staats- oder Privatbau? das ist für die Regierung durchaus keine Prinzipienfrage", sondern sie wird sich wieder in jedem einzelnen Falle zu fragen haben, wer besser baut: der Staat oder die Privatunternehmung; beide bauen mit Zuhilfenahme des Kredits, derzeit findet der Staat Kredit unter besseren Bedingungen, wählen wir also den Staatsbau. Und thatsächlich wurde gleich für das Jahr 1876 nicht bloss ein Kredit im Betrage von 11,342.700 fl. zur Fortführung der im Bau begriffenen Linien: der Istrianer Bahnen, der Tarnow-Leluchower Bahn, der dalmatinischen und Rakonitz-Protiwiner Bahn beansprucht, sondern überdies ein neuer Kredit in der

Summe von 12,350.000 fl. zur Inangriffnahme des Baues von zehn verschiedenen Linien, darunter folgender Primärbahnen: der Donauuferbahn, der Arlbergbahn (Innsbruck-Landeck-Bludenz) und der Predilbahn (Tarvis-Predil-Görz) verlangt. In den Motiven dieser Kreditforderungen wurde gesagt: „die Ausführung dieser sämmtlichen Eisenbahnen soll auf Staatskosten bewirkt werden, weil die projektirten Linien sich zur Konzessionirung an selbstständige Gesellschaften nicht eignen, und die etwa in Frage kommenden bestehenden Gesellschaften ihrer finanziellen Schwäche halber für den Bau der an ihre Linien anschliessenden Lokalbahnen nicht wohl in Betracht zu ziehen sind, da es zweifellos erscheint, dass mit Rücksicht auf die Geldbeschaffung der Staat billiger diese Bauten herzustellen in der Lage sein wird als die Gesellschaften", was die bisherigen Ergebnisse der Staatsbauten auch befürworten.

Erfüllt von der ernsten Absicht, das allgemein entwickelte Programm durchzuführen und die zu Gebote stehenden Mittel zur Heilung des erkannten Übels zu ergreifen, machte die Regierung, abgesehen von den soeben angeführten Bauanträgen in demselben Sessionsabschnitte des Reichsrathes eine Reihe weiterer Propositionen; es sind dies namentlich der Gesetzentwurf, betreffend die Feststellung von Maximaltarifen für Eisenbahnen (Z. 440 der Beilagen zum stenogr. Protokoll), der Gesetzentwurf, betreffend den Bau der Linie Tarvis-Pontafel auf Staatskosten (Z. 459 der Beil.), der Antrag auf Unterstützung des Privatbaues der Linie Bozen-Meran (Z. 457), der Antrag auf Betheiligung an der Unternehmung der Dux-Bodenbacher Bahn (Z. 481), der Gesetzentwurf, betreffend die Fusion der Kaiser Ferdinands-Nordbahn mit der Lundenburg-Grussbach-Zellerndorfer Bahn (Beil. Z. 483). Die früher von uns aufgestellte Behauptung, dass es der Regierung weder im Jahre 1874, noch auch im Jahre 1876, um eine prinzipielle Änderung der Eisenbahnpolitik und noch weniger um eine grossartig angelegte Verstaatlichungsaktion zu thun war und dass man dem Staatsbetriebe entschieden aus dem Wege ging, wird durch den Gesetzentwurf, welchen die Regierung im Januar des Jahres 1876 dem Abgeordnetenhause (Z. 444 der Beil.) vorlegte und welcher mit einem Schlage Fusionen und finanzielle Entlastungen bewirken sollte, grell beleuchtet. Indem nämlich die Regierung einerseits für die Betriebsführung auf der im Bau begriffenen Staatsbahn Tarnow-Leluchow Vorsorge treffen wollte, andererseits wieder den vollständigen ökonomischen Zusammenbruch sowohl der garantirten Albrechts-Bahn als auch der nichtgarantirten Dniesterbahn befürchtete, brachte sie die Vereinigung der Tarnow-Leluchower-, der Albrechts- und Dniesterbahn mit der Lemberg-Czernowitz-Jassyer Eisenbahn und zwar in folgender Weise in Antrag: der Staat verkauft der Lemberg-Czernowitzer die Tarnow-Leluchower Bahn; der Staat kauft die Dniesterbahn um 2.1 Millionen Gulden und verkauft sie sofort wieder an die Lemberg-Czernowitzer, mit welcher sich schliesslich auch die Albrechts-Bahn fusionirt; die Gesammtheit der vereinigten Linien erhält die Garantie. Schon der Eisenbahnausschuss verwarf diese Regierungsproposition aus rein finanziellen Gründen und beantragte beim Abgeordnetenhause bloss den Ankauf der Dniesterbahn; dieser Antrag wurde im Abgeordnetenhause fast debattelos angenommen ohne dass die Regierung die ihrerseits gemachten Propositionen irgendwie vertreten hätte; bei diesem Anlasse (am 1. März 1876) konstatirte der Berichterstatter die geringen Erfolge, welche das Eisenbahnprogramm der Regierung vom 29. Oktober 1875 „in diesem Hause" aufzuweisen hat. Der Ankauf der Dniesterbahn wurde sodann mit dem Gesetze vom 18. März 1876 Z. 48

R. G. Bl. genehmigt und der Betrieb der zwei Staatslinien (Tarnow-Leluchow und Dniesterbahn) der ungarisch-galizischen Eisenbahn übertragen, denn auch das Abgeordnetenhaus hatte erklärt, man könnte sich nur aus Noth für den Staatsbetrieb entschliessen.

Das Parlament nahm gegenüber dem Programme und den Propositionen der Regierung eine Stellung ein, welche durchaus nicht als ablehnend bezeichnet werden kann, und wenn am Ende seine Bereitwilligkeit in Bezug auf die projektirten kleinen Linien nachliess, so geschah diess vielmehr desshalb, weil ihm der Standpunkt und die Richtung der Regierung viel zu matt und viel zu unentschlossen zu sein schien. Jene grosse lex satura, der obengenannte Sammelvorschlag, welcher mehr als 23 Millionen an Eisenbahnkrediten verlangte, wurde zwar nicht in Bausch und Bogen angenommen, sondern es wurde über die einzelnen Bahnen getrennt referirt und verhandelt; dennoch wurden die Kredite behufs Deckung der zur Fortführung des Baues der genannten vier Linien erforderlichen Kosten bewilligt, sodann die Anträge auf Herstellung der Hauptlinien Tarvis-Pontafel und der Donauuferbahn auf Staatskosten angenommen, und dasselbe geschah hinsichtlich der in Vorschlag gebrachten Nebenlinien Erbersdorf-Würbenthal, Kriegsdorf-Römerstadt, Mürzzuschlag-Neuberg und Unterdrauburg-Wolfsberg. Allein die Opposition gegen diese kleinen Bahnen wuchs von Tag zu Tag, bis endlich der Antrag auf Herstellung der Linie Unterdrauburg-Cilli durchfiel; dieser Antrag war einer der letzten, welche auf die Tagesordnung gelangten und das Verhängniss ereilte ihn am 25. Februar 1876. Man machte zum Vorwurfe, dass solche Linien schon im vorhinein nicht einträglich seien, dass man damit nur „neue, kleine Patienten" aufziehe, und dass überhaupt diese zerstückelte Aktion den Mangel eines festen Programmes bekunde. Ein hervorragender Abgeordneter und Redner der damaligen Majorität erklärte, dass im Vorjahre (1875) zwar das Programm aber keine leitende Idee der Eisenbahnpolitik vorgelegt worden; da und dort wurde im Netze eine Lücke ausgefüllt, da und dort irgend einem lokalen Interesse Rechnung getragen, um eine nicht vorhandene Lücke herzustellen, oder für die Zukunft noch grössere Verluste zu verhüten — allein das endliche Ziel gehe gewiss zur Vereinigung aller Eisenbahnen in den Händen des Staates.

Doch sei es wie immer — die Thatsache steht fest, dass der Staat seit dem Jahre 1873 neuerdings Eisenbahnbau-Unternehmer geworden und dass das Jahr 1876 eine grosse Ausbreitung dieser Thätigkeit brachte; als Ursache dieser Wendung haben wir die vollständige Erlahmung der privatunternehmerischen Kapazität und Bereitwilligkeit und die Nothlage der Bevölkerung erkannt; beides war eine Folge der Krise, welche im Jahre 1873 das gesammte volkswirthschaftliche Leben befallen. Die Bresche, sagten wir oben, war fertiggebracht, eine Bresche in der bisherigen, seit dem Jahre 1858 behaupteten Stellung des Staates gegenüber der Eisenbahnunternehmung und wir dürfen vielleicht sagen, eine Bresche in dem herrschenden Systeme des ökonomischen Liberalismus und in dem Grundsatze laissez faire, laissez passer; der Staat war wieder gefunden, aller Augen vereinigte er auf sich, nicht mehr als blosser subsidiärer Zahler, sondern als Helfer in der Noth (der 80 Millionenkredit und die Hilfsvorschusskassen) und als positiv wirkender Faktor. Aber trotz alledem wäre es ein schwerer Irrthum, anzunehmen, dass nun der Umschwung in den Anschauungen und in der Politik ein vollständiger war; eine grosse Bresche war wohl vorhanden, aber nichts mehr; noch stand ein gewaltiger Theil der alten Wälle manchesterlicher Grundsätze, Anschauungen und Gewohnheiten unversehrt aufrecht und es bedurfte noch geraumer Zeit ehe ihre Grundfesten unterwühlt waren und die öffentliche Meinung, entledigt des Druckes der bisherigen Gewöhnung, frei, entschieden und aufrichtig die neue Auffassung der Stellung des Staates zur politischen Oekonomie rezipirte. Vorläufig baute bloss der Staat Eisenbahnen, nichts weiter; an die Betriebsführung wurde nicht gedacht, im Gegentheil war es geradezu selbstverständlich, dass der Betrieb der vom Staate erbauten Bahnen dieser oder jener Privatunternehmung übertragen wurde. Das ministerielle Exposé vom Jahre 1875, welches oben dargelegt worden, erklärte zwar die staatliche Betriebsführung für eine Massregel, „welche ins Auge gefasst werden kann", aber dies war ein Wort, hinter welchem sich wenig Ueberzeugung und wenig Thatkraft barg; von den vier wiederholt erwähnten Eisenbahnen, deren Bau der Staat zuerst in Angriff genommen, und welche im Laufe der Jahre 1875, 1876 und 1877 fertiggestellt wurden, übergab der Staat drei, die Rakonitz-Protiviner, die Tarnow-Leluchower und die Istrianer Bahn in den Betrieb privater Nachbarbahnen; bloss die gänzlich isolirte dalmatinische Eisenbahn musste er in eigener Verwaltung behalten und errichtete eine besondere Betriebsdirektion in Spalato. Und dennoch kostete die Betriebsführung der Eisenbahnen dem Staat jährlich so viele Millionen, welche er — wohl unter dem Namen von Garantie-Darlehen — den Privatunternehmungen zahlte; der Staatsvoranschlag für das Jahr 1876, welcher im Dezember 1875 im Parlamente verhandelt wurde, wies eine Post von 23,124.680 fl. als Erforderniss für Eisenbahnsubventionen auf. Diess war denn auch der Punkt, von welchem aus alsbald eine grössere theoretische Festigung, für weiterhin aber eine energischere praktische Wirksamkeit der neuen eisenbahnpolitischen Grundsätze hervorging; wir unsererseits knüpfen hier den Faden der Erzählung an die früheren Erörterungen der staatlichen Eisenbahnsubventionen, indem wir in Erinnerung rufen, was am Schlusse des dritten Kapitels über die Beschaffenheit und die gegenseitigen Beziehungen der Ursachen gesagt worden, welche auf die Pfade der Verstaatlichung führten.

FÜNFTES KAPITEL.

Der Staatsvoranschlag für das Jahr 1876; die Debatte im Dezember 1875, S. 58. Der Regierungsentwurf des Sequestrationsgesetzes vom Dezember 1876; die Begründung, S. 60. Der Bericht des Eisenbahnausschusses, seine Begründung und Anträge, S. 62. Annahme und Sanktionirung, S. 65. Der Wortlaut des Sequestrationsgesetzes, S. 66.

Das Maass der finanziellen Leiden, welche der Staat infolge seiner Stellung zu den Privateisenbahnen Jahre lang zu tragen hatte, erreichte in der That im Jahre 1876 den Höhepunkt; der Bogen war aufs Äusserste gespannt; die Summe von 23,124.680 forderte durch ihre schreiende Übermässigkeit die Reform heraus. Während der Budgetdebatte, welche am 17. und 18. Dezember 1875 zu der soeben bedeuteten Post: Subventionen und Dotationen für Verkehrsanstalten gediehen war, ergriffen die hervorragendsten Mitglieder des Abgeordnetenhauses das Wort. Abg. H. PLENER empfahl den Ankauf der subventionirten Bahnen gegen Staatseisenbahnobligationen; der Staat würde dabei nicht schlechter fahren und hätte die Eisenbahnen in der Hand; „die öffentliche Meinung in Europa und in Österreich — sagte er wörtlich — wendet sich immer mehr und mehr mit Vorliebe der Idee eines Staatseisenbahnbaues und des Besitzes der Bahnen durch den Staat zu. Mit Ausnahme von Frankreich wird in allen Ländern Europas die Erwerbung der Bahnen durch den Staat ernsthaft diskutirt, und die Resultate, welche jene Länder, die eigene Staatseisenbahnen besitzen, dadurch erzielt haben, sind so befriedigend, dass ihr Beispiel gern und mit Nutzen angeführt wird. Die ganze Bewegung gewinnt von Jahr zu Jahr mehr Ausdehnung; in Deutschland scheint die Verstaatlichung sämmtlicher Eisenbahnen geplant zu werden; man sollte bei uns mindestens einen Versuch machen, zunächst bei einzelnen garantirten Eisenbahnen, welche den Staat am meisten belasten; dadurch würde man auch den Vortheil erlangen, dass sich der Staat Fachmänner heranbildete". — Abg. H. HERBST empfahl ebenfalls den Staatsbetrieb; bei den nothleidenden garantirten Bahnen bestehe ja eigentlich bereits jetzt der Staatsbetrieb, nur dass der Staat bloss der Zahler sei, welcher das Risiko und die Kosten trägt, während die Verwaltung durch Personen geschehe, welche vom Staate nicht abhängig sind und keine Verantwortung tragen; er widerlegte ferner die Behauptung, dass die staatliche Verwaltung mit der privaten keinen Vergleich bestehen könne und sagte Folgendes: „Es lässt sich nicht läugnen, dass die Konzentration so enormer Mittel in der Hand einer Gesellschaft derselben eine Macht gibt, welche ihren Einfluss auf die bürgerliche Gesellschaft auf die weitgreifendste Weise zu äussern im Stande ist, und darum ist es meine Überzeugung, dass jene sogenannte Organisation des Monopols, wie sie in Frankreich besteht, unseren Verhältnissen absolut widerstreiten würde; sie wäre das Allergefährlichste was man in Österreich einführen könnte. Die Eisenbahnen sind ein Monopol und sie müssen es sein, aber es gibt im Staate nur ein berechtigtes Monopol, nämlich das Monopol in den Händen des Staates, und wenn es nicht möglich ist, dass dieses Monopol in den Händen des Staates bleibe, dann darf die Macht des Monopols doch nicht gestärkt, sondern sie muss gebrochen oder doch wenigstens beschränkt werden." Die augenblickliche Durchführung dieser Ideen, — bemerkte H. HERBST — namentlich die augenblickliche Verstaatlichung ist wohl nicht zu erwarten, es ist jedoch geboten sich mit dieser Frage zu befassen, sich auf dieselbe vorzubereiten und Einleitungen zu treffen.

Es verging wieder ein Jahr, bevor man mindestens zu diesen Einleitungen gelangte; erst am 1. Dezember 1876 legte die Regierung den „Gesetzentwurf betreffend die Regelung der Verhältnisse der garantirten Eisenbahnen, welche mit einem Betriebsdefizit oder mit erheblichen Garantievorschüssen belastet sind, und über die eventuelle Erwerbung durch den Staat" vor. Durch diesen Gesetzentwurf (Zahl 589 der Beilagen zum stenogr. Prot.) verlangte die Regierung vorerst die formelle Ermächtigung zur Ertheilung von Vorschüssen zur Deckung von Betriebsdefiziten bei garantirten Bahnen, das heisst die Beilegung jener Kontroversen und Zweifel, deren oben mehrfache Erwähnung geschehen. Des weiteren wurde jedoch beantragt, dass die Regierung ermächtigt sein solle den Betrieb ganz oder theilweise selbst zu übernehmen, oder denselben einer anderen Unternehmung zu übergeben, wenn einer Eisenbahn ein solcher Vorschuss zur Deckung des Betriebsdefizites zugesichert oder ertheilt wurde, oder wenn die Eisenbahn durch länger als 5 Jahre die Hälfte des garantirten Erträgnisses in Anspruch genommen, oder wenn die aus dem Titel der Garantie schuldig gewordenen Beträge 50 Prozent des Nominalwerthes des Aktienkapitals erreicht haben. Schliesslich wurde der Weg zur vollständigen Verstaatlichung durch die folgende Bestimmung gewiesen: Wenn die Regierung aus den ebenbesagten Gründen in die Lage kommt eine solche Eisenbahn zu kaufen, so kann bei Übernahme der Prioritätsschulden die Zahlung des übrigen Kaufschillings in Eisenbahnobligationen, welche jährlich mit vier Prozent zu verzinsen und nach einem festen Plane rückzuzahlen sind, erfolgen; die Verzinsung und Tilgung dieser Obligationen ist durch Pfandrecht an dem sämmtlichen Staatseisenbahneigenthume sicherzustellen. — In der eingehenden und in hohem Masse interessanten Begründung dieser gesetzlichen Dispositionen wurde dargelegt und behauptet, dass man sich in den fünfziger Jahren des staatlichen Besitzes und Betriebes von Eisenbahnen nicht allein aus finanziellen Gründen, sondern auch desshalb begeben hätte, damit sich das Eisenbahnwesen durch Ansetzung des mächtigen Hebels der individuellen Erwerbsthätigkeit rascher und fortschrittlicher entwickele; dass jedoch der Staat den Eisenbahnen auch fernerhin seinen Beistand nicht versagte, damit dieselben die Schwierigkeiten der ersten Jahre überwinden könnten; wohl hätte man geglaubt, dass diese Staatsunterstützungen nur vorübergehender Natur sein werden. Diese Voraussetzung traf nun bei einigen Eisenbahnen zwar zu, bei der Mehrzahl jedoch nicht, und diess namentlich von dem Augenblicke angefangen, wo man dazu gelangt war, das System der Konzessionen an Privatgesellschaften mit Staatsgarantie auch auf Eisenbahnen anzuwenden, deren Ertragsverhältnisse eine wirksame Bethätigung des individuellen Erwerbsinteresses der konzessionirten Gesellschaften gänzlich oder zum grössten Theile ausschliessen mussten. Daraus erwuchsen sodann die bedenklichsten Missstände sowohl für den Staat als auch für die hoffnungslosen Unternehmungen und für das gesammte Eisenbahnwesen; der Motivenbericht führt als solche an: die Möglichkeit und den Verdacht der Misswirthschaft auf Kosten des Staates; das Herabsinken des Erwerbsinteresses der Gesellschaft auf ein Minimum; die Zwecklosigkeit des Bestandes einer Privatverwaltung, welche doch eigentlich mit Staatsgeldern arbeitet; die Bedenklichkeit weiterer Erhöhungen der Garantie; den ungenügenden Kredit der Privatgesellschaften selbst für Zwecke einer unumgänglich nothwendigen oder offenbar nützlichen Erweiterung der Bahn u. s. w. Der Motivenbericht sucht und erwägt die zu Gebote stehenden Remeduren und erblickt ein vielversprechendes Mittel in der theilweisen Einführung des Staatsbetriebes; die vortheilhaften Wirkungen des neben dem Privatbetriebe bestehenden Staatseisenbahnbetriebes gelangen sonach in Erwägung und es werden insbesondere angeführt administrative Vortheile (bestehend in der Erweiterung der Sachkenntniss der Beamten, der Erneuerung des Beamtenstatus, der leichteren Oberaufsicht des Staates über die Eisenbahnen), politische Vortheile (daraus hervorgehend, dass der Staat der Bevölkerung gegenüber auch als Träger der wichtigsten Verkehrseinrichtungen erscheinen wird), polizeiliche Vortheile (herabgekommene Eisenbahnen, die öffentliche Sicherheit), kommerzielle Vortheile (Tarife, der nationale und internationale Verkehr, besonders mit Rücksicht auf die Verstaatlichungsthätigkeit in den Nachbarländern), militärische und schliesslich auch finanzielle Vortheile, welche letztere freilich nicht hoch angeschlagen wurden. „Es handelt sich — so wurde im Allgemeinen zur Erläuterung der Tendenzen des Gesetzes gesagt — im gegenwärtigen Falle nicht um die in der Theorie und Praxis so verschieden beantwortete Frage der relativen Vorzüge des Staats- und Privatbetriebes, auch nicht darum, das System des Staatsbetriebes zur ausschliesslichen Geltung auch solchen Bahnen gegenüber zu bringen, welche die Fähigkeit einer selbstständigen wirthschaftlichen Existenz bethätigt haben und welche dem Staate keine oder nicht erhebliche Opfer auferlegen."

Der Regierungsentwurf wurde dem Eisenbahnausschusse

zur Berichterstattung zugewiesen; der umfassende und gründliche Bericht desselben (Nr. 678 der Beil.), welcher der Feder des Abg. H. RUSS entstammt, erörtert vorerst die rechtliche Natur und die Zulässigkeit jener Uebernahme oder Sequestration des Betriebes. Es handle sich da nicht um einen Eingriff in wohlerworbene Rechte der Aktionäre, sondern um eine öffentlichrechtliche Maassregel, welcher die Unternehmungen auf Grund des Konzessionsgesetzes im Allgemeinen und auf Grund der Fassung der einzelnen Konzessionsurkunden im Besonderen unterworfen sind; ein viel schärferes Praecedens existire diesfalls in Preussen (Kabinetsordre vom 22. November 1842). Der Ausschuss eliminirte die Zulässigkeit der Sequestration für den in der Regierungsvorlage besagten Fall, dass die Höhe der Garantievorschüsse die Hälfte des Aktienkapitals erreicht hat, und ermässigte die Bedingungen, unter welchen das Sequestrationsrecht der Regierung zu erlöschen hat. Die weiteren Ausführungen des Ausschusses lassen sich in drei Theile gliedern; der erste — welchem wir einschlägigen Orts manche Zahlenangaben entlehnt — weist ziffermässig die Ausdehnung der Garantien in Oesterreich nach und stellt sodann Vergleiche mit den französischen und preussischen Verhältnissen an; es ergibt sich daraus, dass in Frankreich und in Preussen, wo das Garantiesystem um 10 bezw. 20 Jahre älter ist, die dem Staate aus demselben erwachsene finanzielle Belastung bedeutend und unverhältnissmässig geringer ist als in Oesterreich. Der zweite Theil befasst sich mit der Frage des Staatseisenbahnbesitzes, die durch jene Bestimmungen des Entwurfes angeregt wurde, welche die der Regierung zu ertheilenden Direktiven für eventuelle Ankäufe von Eisenbahnen enthalten; hier wurde das vorgeschlagene Gesetz präziser textirt und die zweckwidrig beengenden Bestimmungen über den Zinsfuss und über die pfandrechtliche Sicherstellung der

Eisenbahnobligationen ausgeschieden, indem solches den zukünftigen Einzelngesetzen überlassen wurde. Der dritte Theil endlich, welcher den Staatsbetrieb erörtert, sammelt zunächst vergleichendes Material aus Ländern mit unterschiedlichen Systemen, zieht die Ergebnisse der wissenschaftlichen Forschung in Betracht und erwägt sodann das Für und Wider des Staatsbetriebes. „Der Eisenbahnausschuss — lautet es wörtlich — findet sich nicht berufen aus den vorstehenden Erwägungen zu irgend einem bestimmten Antrage den Staatsbetrieb betreffend zu gelangen; er glaubte diese Frage nur in jenem Umfange erörtern zu sollen, der hinreicht, um zu beweisen, es könne die Aussicht auf den Staatsbetrieb kein Hinderniss sein, dem vorliegenden Gesetzentwurfe beizustimmen, welcher der Staatsgewalt den Weg weist, auf dem sie zu ausreichendem Einflusse auf das Eisenbahnwesen gelangen kann. Wie sehr ein solcher in der Natur der Sache liegt, erhärtet die Entwickelung der Dinge in allen Ländern, wenn gleich die Interzession des Staates mit seiner Macht und seinen Mitteln in den verschiedensten Formen geschah." Es ist interessant zu hören, was der Bericht des Ausschusses bei Besprechung der Schicksale der Eisenbahnen in Oesterreich seinerseits über die Motive der Veräusserung der Staatsbahnen in den fünfziger Jahren im Gegensatze zu den Angaben der Regierung sagt: „Finanzielle Beweggründe waren es, welche im Jahre 1854 einen gewaltsamen und gewaltigen Umschwung in der Anschauung der Regierung herbeiführten. Unter diese Motive sind aber nicht etwa üble Erfahrungen und Ergebnisse des Staatsbetriebes zu rechnen, auch nicht der Mangel von Mitteln zur Fortsetzung der Bahnbauten. Eine Finanzpolitik, welche hier zu beurtheilen nicht der Ort ist, die aber für ihre vorgesteckten Ziele grosse Baarmittel in Anspruch nahm, glaubte diese auch aus dem Verkaufe der Staatsbahnen gewinnen zu sollen." —

Der ganze Sinn der Ausführungen des Berichtes gipfelt darin, dass schliesslich das theoretische Für und Wider der Staatsbahnen und des Staatsbetriebes in dieser konkreten Frage nicht maassgebend sei; in Staaten, welche in ihrer Stellung zu den Eisenbahnen (die Garantie) kein so gewaltiges finanzielles Präjudiz besitzen, mag diess der Fall sein, in Oesterreich aber seien es die Verhältnisse, wie sie sich entwickelt haben und fortbestehen, welche selbst zur Uebernahme geradezu drängen. Das abschliessende Urtheil dieser hochinteressanten Schrift lautet sodann folgendermaassen: „Wenn sonach einerseits da, wo eine finanzielle Verbindung des Staats mit den Eisenbahnunternehmungen nicht vorhanden wäre, die grundsätzliche Ablehnung des Staatsbetriebes sich nicht begründen lässt, anderseits aber die Garantie des Staatsschatzes Verhältnisse schafft, welche den Staatsbetrieb ob auch nur als die beste Form der Kontrole zur Wahrung des staatsfinanziellen Interesses erscheinen lässt: so kann — was bewiesen werden wollte — die Aussicht auf den Staatsbetrieb als ein Bedenken gegen den Gesetzentwurf nicht gelten, welches im Stande wäre denselben schon heute als unannehmbar zu bezeichnen."

Die Debatte über dieses Gesetz, welche am 5. Juni 1877 begann, war gross und dauerte durch vier Sitzungen (261.—264.); die Gegner desselben bezeichneten es als ein bedenkliches Experiment und als das Ergebniss des unberechtigten Bruches mit einem an sich richtigen jedoch in Oesterreich schlecht angewendeten Prinzipe (dem Garantiesystem); der Abg. H. PLENER wies neuerdings darauf hin, dass es eigentlich immer nur finanzielle Bedrängnisse sind, welche im österreichischen Staatsleben grosse, prinzipielle

Umwälzungen hervorrufen und empfahl die Annahme des Entwurfes auch aus dem Grunde, dass der Staat vorbereitet sei, wenn der grosse Moment des Heimfalles aller Eisenbahnen komme. Die parlamentarische Behandlung erlitt eine kleine Verzögerung durch die Abänderungen, welche das Herrenhaus vornahm — schliesslich jedoch wurde das Gesetz im Wesentlichen nach der vom Ausschusse vorgeschlagenen Fassung genehmigt; am 14. Dezember 1877 (Nr. 112 des R.G.Bl.) erhielt es die kaiserliche Sanktion.

Wir erachten es für geboten, die wichtigsten Bestimmungen dieses im Ganzen sieben Paragraphen zählenden Gesetzes im Wortlaute mitzutheilen. Die §§ 1, 2 und 3 befassen sich mit den mehrbesagten Betriebsdefiziten:

§ 1. „Die Regierung wird ermächtigt, den Unternehmungen von Eisenbahnen, welche die Garantie eines Reinerträgnisses von Seite des Staates geniessen, Vorschüsse in Noten zur Bedeckung von Betriebskostenabgängen zu gewähren."

§ 2. „Die Regierung ist berechtigt den Betrieb garantirter Eisenbahnen, für welche sie einen solchen Vorschuss (§ 1) gewährt hat, selbst zu führen oder durch andere führen zu lassen. Diese Berechtigung der Regierung erlischt, wenn die Unternehmung solche Vorschüsse durch drei aufeinander folgende Jahre nicht mehr in Anspruch genommen hat." ...

Hinsichtlich der Bahnen, welche die Staatsgarantie übermässig in Anspruch nehmen bestimmt sodann

§ 4. „Die Regierung ist berechtigt, den Betrieb garantirter Eisenbahnen, welche für die letzten fünf Jahre mehr als die Hälfte des garantirten Reinerträgnisses jährlich in Anspruch genommen haben, selbst zu führen. Diese Berechtigung der Regierung erlischt, wenn die Unternehmung durch drei aufeinander folgende Jahre nicht die Hälfte des garantirten Reinerträgnisses jährlich in Anspruch genommen hat."

Die §§ 5 und 6 haben die Modalitäten der Betriebsübernahme und die Einleitung des Ankaufes garantirter Eisenbahnen zum Gegenstande und verordnen wie folgt:

§ 5. „Bei Ausübung der nach §§ 2 und 4 der Regierung eingeräumten Berechtigung kommen unbeschadet der etwa im Vereinbarungswege zu treffenden anderweitigen Festsetzungen folgende Grundsätze zur Anwendung:

a) Durch die Uebernahme des Betriebes von Seite der Regierung werden die sonstigen Rechte und Pflichten der betreffenden Aktiengesellschaft nicht berührt.

Derselben verbleibt insbesondere die Verfügung über diejenigen Beträge, welche sich nach Maassgabe der ihr mitzutheilenden Betriebsrechnung und der staatlichen Garantieleistung als Ueberschuss, beziehungsweise Reinerträgniss ergeben;

b) für Auslagen, welche den Kapitalkonto der Bahn dauernd zu belasten haben, bleibt die Zustimmung der statutenmässigen Vertretung der Gesellschaft vorbehalten. Durch diesen Vorbehalt wird jedoch die vom Staate eingesetzte Betriebsverwaltung nicht gehindert, jene Maassnahmen unverweilt zu treffen, welche nach dem Erkenntnisse des Handelsministers zur Aufrechthaltung der Ordnung und Sicherheit des Verkehres dringend nothwendig sind."

§ 6. „Die Regierung wird ermächtigt, bei vorläufigen Vereinbarungen über den Ankauf garantirter Eisenbahnen die Uebernahme der gesammten Prioritätsschulden und die Zahlung des restlichen Kaufschillings in Eisenbahn-Schuldverschreibungen zuzusichern . . . . . Ueber den Betrag des Kaufschillings, Zinsfuss, Rückzahlbarkeit und Pfandrecht dieser Schuldverschreibungen wird das Gesetz bestimmen."

Der § 7 enthält die Vollzugsklausel.

SECHSTES KAPITEL.

Die Erfolglosigkeit des Sequestrationsgesetzes, S. 68. Die Verstaatlichung der niederösterreichischen Südwestbahnen, S. 69. Die mährische Grenzbahn, S. 70. Die Ursachen der Sterilität der Eisenbahnaktion seit dem Jahre 1877, S. 71. Uebersicht der Erfolge der neuen Verstaatlichungsperiode vom Jahre 1873—1879, S. 73. Würdigung dieser Erfolge, S. 75.

Das Gesetz über die garantirten Eisenbahnen, kurzweg Sequestrationsgesetz genannt, war ein Schwert des Damokles aufgehängt über den Häuptern aller Privateisenbahnunternehmungen, welche den Staatsschatz stetig und stark in Anspruch nahmen; dass dieses Schwert durch die Modifikationen, welche das Abgeordnetenhaus an dem Regierungsentwurfe vorzunehmen für gut befunden, einiges an seiner Schärfe eingebüsst, geht aus der eben abgeschlossenen Darstellung hervor. Indess das Schwert hing bloss immer und eine geraume Zeit wollte der Faden, an dem es aufgehängt, gar nicht reissen; der Grund davon lag in der Unentschlossenheit, in dem beständigen Hin- und Herschwanken und in den vielfältigen anderweitigen Beschäftigungen der österreichischen Regierung. Volle zwei Jahre hindurch war es gerade so als ob das Gesetz gar nicht bestünde, jenes Gesetz, welches sich mit so vielversprechender Energie in den Vordergrund gedrängt hatte als Schlussstein und Krone der umfangreichen Eisenbahnreformthätigkeit, deren Aufriss am 29. Oktober 1875 im Abgeordnetenhause derselbe Minister (H. CHLUMECKY) entworfen, welcher am 28. April 1879 nicht umhin konnte, ihre Sterilität zuzugeben.

Nicht lange nach der Sanktion des Sequestrationsgesetzes brach an einer Stelle ein längst glimmender und mit Staatsgeldern gedämpfter Bankrott-Brand in helle Flammen aus und es erübrigte nichts anderes als herbeizueilen und — zu verstaatlichen; diess geschah bei den sogenannten „k. k. priv. niederösterreichischen Südwestbahnen", deren Hauptlinie gleich einer Hypotenuse einen Punkt der Elisabethbahn (St. Pölten) mit einem Punkte der Südbahn (Leobersdorf) verbindet. Ausnehmend interessant sind die finanziellen Verhältnisse dieser Bahn vom Anfang bis zum Ende; wir stehen da vor der Karikatur einer subventionirten „Privat"-Unternehmung und zugleich vor der Karikatur einer sogenannten Sanirung, wie solche mit Steuergeldern unternommen wurden. Diese Unternehmung — eine Aktiengesellschaft — beruhte eigentlich schon von Anfang an auf staatlicher Unterstützung bez. Theilnahme; es war ihr nämlich auf Grund des bereits oben angeführten Gesetzes (1875 Z. 11 R. G. Bl.) ein Vorschuss von 2,500.000 fl., für welche Summe der Staat Aktien zu 200 fl. al pari annahm, gewährt worden; diese Unterstützung war jedoch nicht im Entferntesten hinreichend, so dass die Regierung mit dem Gesetze Z. 68 des R.G.Bl. 1876 ermächtigt wurde, sämmtliche Prioritäten um 75 % des Nominalwerthes (200 fl. um 150 fl.) anzukaufen. Die Gesellschaft besass an Kapital im Ganzen:

in Aktien . . . 3,610.000 fl.
in Prioritäten . . 7,622.000 fl.
Zusammen 11,232.000 fl.

Hievon gehörten dem Staate:

<table>
<tr><td>in Aktien</td><td>. . .</td><td>2,500.000 fl.</td></tr>
<tr><td>in Prioritäten</td><td>. .</td><td>7,622.000 fl.</td></tr>
<tr><td></td><td>Zusammen</td><td>10,122.000 fl.</td></tr>
</table>

so dass das Privatkapital an der Unternehmung mit 1,110.000 fl., das ist mit ca. $^1/_{10}$ betheiligt war; dafür hatte der Staat im Verwaltungsrathe vier von ihm ernannte Mitglieder. Trotz alledem vermochte es jedoch die Gesellschaft nicht, das wirthschaftliche Gleichgewicht zu erhalten, und so blieb schliesslich nur folgende zweifache Möglichkeit: entweder die Insolvenz der Privatunternehmung, welche zu $^9/_{10}$ dem Staate gehörte, zu erklären, oder die Unternehmung formell in das Eigenthum und in die Verwaltung des Staates zu übertragen. Die Regierung beantragte (Gesetzentwurf, Beilagen Z. 739, VIII. Session) die Verstaatlichung, und zwar in der Weise, dass sie für jede vollständig eingezahlte Aktie (200 fl.), welche sich nicht im Besitze des Staates befand, 35 fl. zu bezahlen bereit war; der Ausschuss des Abgeordnetenhauses (Bericht, Beilagen Z. 817) beantragte höchstens 10 fl. für die Aktie, indem er darlegte, dass der kommercielle Werth der Bahn seitens des Staates schon weit überzahlt, und dass die Unternehmung lediglich aus volkswirthschaftlichen Rücksichten zu halten sei. Im Abgeordnetenhause wurde beantragt über die ganze Verhandlung zur Tagesordnung überzugehen und dieser Antrag wurde mit nur 97 gegen 83 Stimmen verworfen. Der Ausschussantrag gelangte zur Annahme und das Gesetz wurde am 5. Juli 1878 sanktionirt (Z. 88 d. R.G.Bl.); der Betrieb der Bahn wurde einer Ministerialkommission übergeben. Diess war das bedeutendste eisenbahnpolitische Ereigniss des Jahres 1878, welches wir hier zu registriren haben.

Das Jahr 1879 bietet ein lebhafteres und mannigfaltigeres Bild. Im Monate Februar verursachte die Sanirung der mährischen Grenzbahn einen grossen Sturm im Parlamente; diese kleine Bahn, im Ganzen 108.5 km — die Hauptlinie 89.8 km geht von Sternberg nach Grulich —, war in sehr schlechten Verhältnissen und nahm die ihr für die genannte Hauptlinie gewährte Garantie in ausgiebiger Weise in Anspruch; die Fusionsverhandlungen, welche zunächst mit der Nordwestbahn, sodann mit der Kaiser-Ferdinand-Nordbahn geführt worden, waren ohne Erfolg geblieben (1876) und die Gesellschaft hatte im Jahre 1879 nicht die Mittel zur Bezahlung der Prioritätenkoupons; sie hatte danach mit der Regierung eine Vereinbarung erzielt, derzufolge die Staatsgarantie von 336.000 fl. auf 410.057 fl. erhöht werden sollte. Der Ausschuss des Abgeordnetenhauses verwarf jedoch den von der Regierung in diesem Sinne eingebrachten Gesetzentwurf und befürwortete bloss, dass der Gesellschaft ein Darlehen von 75.000 fl. zur Bezahlung dieses Koupons gewährt werde; auch dieser Antrag erlangte nur mit Mühe und nach sehr bewegten Debatten die Majorität und von allen Seiten wurde über eine solche Art von Sanirung und Vergeudung von Staatsgeldern Klage geführt; als Hauptgrund für die Staatsunterstützung wurde in dem besagten konkreten Falle geltend gemacht, dass der Staatskredit darunter zu leiden hätte, wenn eine vom Staate garantirte Unternehmung ihren Verpflichtungen nicht nachkäme. Das neue Abgeordnetenhaus und die neue Regierung bewilligten nach dem Jahre 1879 keine weiteren Beiträge, so dass der Gesellschaft nichts anderes erübrigte, als den Koupon von 5 auf 4 % herabzusetzen, ohne dass, wie es scheint, der Kredit des Staats, welcher die garantirte Subvention unentwegt weiter zahlte, sich irgendwie verschlechtert hätte.

Den eisenbahnpolitischen Standpunkt der Regierung beleuchtet die Antwort, welche der Handelsminister am 23. April

1879 auf die Interpellation, warum denn in Galizien keine Eisenbahnen gebaut werden, ertheilte; die Regierung hat sich bei Einbringung des Garantiegesetzes — so lautete etwa diese Antwort — von der Ueberzeugung leiten lassen, dass das durch die früheren Gesetze geschaffene Garantiesystem 'sich nicht bewährt habe, und dass es vielmehr Aufgabe der Regierung sei, die Vervollständigung des Eisenbahnnetzes durch den Bau von Eisenbahnlinien auf Staatskosten durchzuführen und diese sowie auch bereits bestehende garantirte Eisenbahnen in den Selbstbetrieb des Staats zu übernehmen; aus den Verhandlungen des Parlaments musste die Regierung die Ueberzeugung schöpfen, dass das Abgeordnetenhaus in seiner überwiegenden Majorität diesen Anschauungen beigetreten ist, und aus diesem Grunde wurde auch für die galizischen Bahnen keine Konzession mit Erträgnissgarantie ertheilt. Diese Erklärung kennzeichnet wohl ziemlich treffend den damaligen Stand der Eisenbahnthätigkeit: Garantien wurden nicht mehr ertheilt und ohne Garantie eines Reinertrages baute Niemand; das Feld blieb daher dem Staate überlassen, aber auch dieser unternahm nichts und zwar aus Gründen, welche der Minister alsbald in einer Debatte darlegte, welche sich am 28. April 1879 aus Anlass einer Urgenz des Baues der böhmisch-mährischen Transversalbahn entspann. Einzelne Abgeordnete der Majorität kritisirten damals scharf die bisherige Eisenbahnpolitik der Regierung: an das Sequestrationsgesetz hätte man hochgehende Erwartungen geknüpft — allein die Erfolge seien ausgeblieben; man hätte grosse dominirende Linien anfassen und nicht auf kleine und bedeutungslose sich verlegen sollen; nun sei vollends Stagnation und Sterilität eingetreten; von einer Sanirung in grossem Style sei gar keine Rede, auch nicht von dem Ausbaue des österreichischen Netzes und noch weniger von Eisenbahnbauten, wie sie im Jahre 1878 in

SECHSTES KAPITEL. 73

Frankreich durch FREYCINET, in Italien durch das Ministerium (BACCARINI) angeregt wurden; Preussen und Italien entwickeln eine zielbewusste Eisenbahnaktion, bei uns sieht man höchstens kleine Anläufe. Der Minister entschuldigte diesen Zustand sehr wirksam durch die Fülle und die Gewalt der Ereignisse, welche in ihrem Zusammentreffen jede weitergreifende und kräftige Aktion zu Nichte machten: es war nämlich Dezember des Jahres 1877 als das Sequestrationsgesetz sanktionirt wurde; dann kam der Ausgleich mit Ungarn, dem die Session des Reichsrathes im Jahre 1878 gewidmet war; sodann folgte die bosnische Okkupation und die Demission des Ministeriums AUERSPERG, welches erst im Februar 1879 reaktivirt wurde; überdies sei die Finanzlage ungünstig und die Stimmung des europäischen Geldmarktes so geartet, dass eine günstige Aufnahme österreichischer Eisenbahnpapiere nicht zu erwarten sei.

Im August 1879 trat die von der deutsch-liberalen Majorität getragene Regierung zurück und hinterliess folgende Resultate der Verstaatlichungsaktion: dem Staate gehörten die nachstehenden dem Betriebe eröffneten Bahnen:

die Niederösterreichische (angekauft) . . . . . 154.2 km
„ Tarnow-Leluchower (vom Staate erbaut) . . 145.7 „
„ Rakonitz-Protiwiner (vom Staate erbaut) . . 143.6 „
„ Istrianer Bahn (vom Staate erbaut) . . . . 143.4 „
„ Dniester-Bahn (angekauft) . . . . 111.7 „
„ Dalmatinische Bahn (vom Staate erbaut) . . 104.8 „
„ Braunau-Strasswalchener (angekauft) . . . 37.4 „
„ Linie Kriegsdorf-Römerstadt (vom Staate erbaut) . . . . 13.7 „
„ Donauufer-Bahn (vom Staate erbaut) . . . 8.3 „
Uebertrag 862.8 km

Uebertrag 862.8 km

Hiezu die im zweiten Kapitel angeführten zwei Endlinien, welche die Sintfluth der Veräusserung überlebt und so gewissermaassen die Kontinuität des staatlichen Eisenbahnbesitzes in Oesterreich erhalten haben, nämlich:

Bodenbach-sächsische Grenze . . . . . . 11.0 „
Kufstein-bayerische Grenze . . . . 2.1 „

Im August des Jahres 1879 besass der Staat daher im Ganzen . . . . 875.9 km Eisenbahnen. Der Betrieb dieser Eisenbahnen befand sich jedoch nur zum geringeren Theile in Händen des Staates, nämlich auf folgenden Eisenbahnen:

der Niederösterreichischen. . . . 154.2 km
„ Dalmatinischen . . . . . . 104.8 „
„ Donauuferbahn . . . . . . 8.3 „

Zusammen 267.3 km.

Dagegen waren 608.6 km der Verwaltung der benachbarten Privatunternehmungen zum Betriebe übergeben. Die Summe der zu dieser Zeit in Oesterreich betriebenen Eisenbahnen belief sich in runder Zahl auf 11.300 km.

Wenn man die absolute Zahl der Eisenbahnkilometer, ferner die Zahl der dem Staate gehörigen Linien, die Zahl der im Staatsbetriebe befindlichen Linien und schliesslich die örtliche Lage der Staatslinien vergleichend in Erwägung zieht, erscheint die Sprache der eben angeführten Zahlen sehr verständlich. Diese Zahlen verkünden beredter als je eine Parlamentsrede, dass die neue Eisenbahnpolitik bisher nicht weiter gelangt war, als dahin, woher sie unmittelbar nach der Katastrophe des Jahres 1873 ausgegangen, dass sie sich fortwährend im Stadium der Anfänge und der guten Vorsätze bewegte und dass sie nicht ganz mit Unrecht als steril bezeichnet werden durfte. Die Umrisse dieses Bildes erleiden kaum eine Aenderung, wenn etwa noch jene Bahnen in Betracht gezogen werden, welche im Verlaufe des Jahres 1879 eröffnet wurden; es sind dies die Linien:

Tarvis-Pontafel	24.7 km
Unterdrauburg-Wolfsberg	38.1 „
Mürzzuschlag-Neuberg	11.5 „
und setzen wir, um ja nicht wider das Suum cuique zu verstossen, noch eine Strecke der Donauuferbahn mit	5.2 „
hinzu, deren Bau mit dem Gesetze vom 1. Juni 1879 Z. 87 R.G.Bl. genehmigt wurde,	
somit im Ganzen noch	79.5 km

Der Staat hatte nicht eine einzige grössere Linie in der Hand, welche den Privatunternehmungen imponirt und einen Einfluss auf ihre Gebahrung, besonders auf die Tarife ermöglicht hätte, sondern durchweg kleine zersplitterte Bahnlinien, welche keinerlei ökonomische Berechtigung zu selbstständiger Existenz hatten. Wo war das Programm vom Jahre 1875, wo die Vervollständigung des Netzes, wo namentlich die böhmisch-mährische und die galizische Transversalbahn geblieben? Der unparteiische Beurtheiler wird allerdings einerseits die vielen grossen Hindernisse nicht übersehen, welche der Gesetzgebung und der Regierung auf den Pfaden der neuen Eisenbahnpolitik entgegentraten, Hindernisse, welche freilich wieder desto grösser zu sein schienen, je geringer das Zweckbewusstsein und die Energie war, welche dieselben hätte überwinden sollen; dem unparteiischen Beurtheiler wird es indess andererseits nicht entgehen, dass ungeachtet der Geringfügigkeit der fertigen Thatsachen eines vollbracht wurde, was weder unbedeutend noch leicht war, dass nämlich — zunächst mindestens formell — mit den Grundsätzen gebrochen worden war, welche so lange und so mächtig die Eisenbahnpolitik beherrscht hatten und dass die ersten, wenngleich schüchternen und nicht genug gewandten Schritte auf der neuen Bahn gemacht wurden; 'für die Kommenden war überdiess in dem Garantiegesetze eine wirksame Waffe wider den Subventionsunfug geschmiedet worden, und es fehlte nichts weiter, als dass in der Legislative und in der Exekutive eine Richtung die Oberhand gewänne, welche sich entschiedener und nicht bloss formell von dem ökonomischen Liberalismus abwandte. Formell war der Verstaatlichungspolitik ein ziemlich weiter Spielraum geschaffen worden und wenn man durch eine lange Zeit so wenig zur Ausfüllung desselben unternommen hatte, so hatte dies unseres Erachtens einen zweifachen Grund: Erstens den, dass neue Ideen überhaupt längeren Zeitablaufes bedürfen, ehe sie, nachdem sie zuvor diskutirt, durch fremde Beispiele bekräftigt und vielleicht als das nec plus ultra des Vorzüglichen und Heilsamen angepriesen worden, durchdringen und zur gemeinen Ueberzeugung werden, und zweitens, dass es in unserem speziellen Falle bei der Legislative und Exekutive eines allgemeineren und ernstlicheren Aufgebens der liberalen Prinzipien bedurfte.

Beide Bedingungen waren zum weitaus grösseren Theile erfüllt, als in der zweiten Hälfte des Jahres 1879 in Oesterreich eine neue Regierung ans Ruder gelangte und eine neue Majorität den parlamentarischen Plan besetzte. Die Verstaatlichungsfrage, welche nunmehr genügend lange auf der Tagesordnung der Diskussion gestanden, wurde von jener mächtigen Strömung erfasst, welche den Niedergang des Liberalismus und den Aufschwung der staatlichen Initiative und Ingerenz bewirkt hatte, wie dies einleitend in dem ersten Kapitel dieser Untersuchungen, auf das wir an dieser Stelle zu verweisen uns erlauben, dargelegt worden. Wenn nunmehr die Lösung dieser Frage nicht in jenem raschen und entschiedenen Tempo vor sich ging, wie es — wir sagen nicht à tout prix wünschenswerth — sondern möglich und vielleicht folgerecht gewesen wäre, so hat dies andere Gründe als solche, welche aus der politisch-ökonomischen und finanziellen Natur der Frage selbst entsprängen.

SIEBENTES KAPITEL.

Das Programm der neuen Regierung, S. 78. Die Rudolfs-Bahn, S. 78. Die Arlberg-Bahn, S. 79. Die Albrechts-Bahn, S. 80. Weitere Bestrebungen und Hindernisse, S. 81. Die Elisabeth-Bahn, Vorbereitungen, S. 82; die Regierungsvorlage, S. 84; Schwierigkeiten und Annahme, S. 86. Die galizische Transversalbahn, S. 87.

Die Thronrede, mittelst welcher der neue Reichsrath am 8. Oktober 1879 eröffnet wurde, enthielt das Versprechen, dass die Entwickelung des Eisenbahnwesens und die Erleichterung der mit dem Systeme der Staatsgarantie verbundenen Lasten die volle Aufmerksamkeit der Regierung erheischen werde; es wurde namentlich der Arlbergbahn, welche — wie es wörtlich heisst — von Tag zu Tag an Wichtigkeit gewinnt, Erwähnung gethan; der Bau derselben sei indess noch von Unterhandlungen abhängig, deren baldigen Abschluss die Regierung eifrigst anstrebe.

Noch im Dezember des Jahres 1879 wurde eine bedeutungsvolle That vollbracht: das Damoklesschwert, welches seit der Wirksamkeit des Gesetzes vom 14. Dezember 1877 über den Häuptern der subventionirten Bahnen schwebte, fiel entlich nieder und traf eine grosse Bahn; mittelst des Erlasses vom 24. Dezember 1879 setzte der Handelsminister Baron KORB-WEIDENHEIM die Gesellschaft der Kronprinz-Rudolfs-Bahn in Kenntniss, dass die Regierung ihre Bahn mit dem 1. Januar 1880 auf Rechnung der Gesellschaft in eigene Verwaltung nehmen werde, und zwar aus dem Grunde, weil die Gesellschaft durch fünf Jahre mehr als die Hälfte der garantirten Subvention in Anspruch genommen (vgl. die im dritten Kapitel angeführten Zahlen). Dieser Entschluss kam plötzlich und unerwartet; noch im März 1879 hatte die frühere Regierung mit der Rudolfs-Bahn ein Uebereinkommen getroffen, dem zu Folge dieser Bahn der Betrieb der der Vollendung nahen Staatslinie Tarvis-Pontafel übergeben werden sollte, was auch geschah, als die Linie am 11. Oktober 1879 eröffnet wurde; ob Differenzen zwischen dem Generaldirektor und dem Verwaltungsrathe der Rudolfs-Bahn, welche mit dem Rücktritte des Direktors endeten, der unmittelbare Anlass dieser thatkräftigen Anwendung des Sequestrationsgesetzes gewesen oder nicht gewesen sind, ist hier Nebensache. Thatsache ist, dass der Staat gerade ein Viertel Jahrhundert nach dem Beginne der grossen Veräusserungsaktion (1855 — vgl. das zweite Kapitel) neuerdings eine grosse Bahn — vorläufig mindestens zum Betriebe — erwarb; es hat die Rudolfs-Bahn eine Länge von 800 (genau 799·638) km, zu welchen noch 4·9 km der Linie Mösel-Hüttenberg hinzukommen, welche mit der Rudolfs-Bahn auf Grund von Pachtverträgen vereinigt ist; ausserdem kam selbstverständlich auch der Betrieb der Staatsbahn Tarvis-Pontafel (24·7 km) in die Hand des Staates. —

Das zweite Werk, an welches alsbald Hand angelegt wurde, hatte die hochwichtige und langersehnte Erweiterung des Eisenbahnnetzes durch den unmittelbaren Anschluss der westösterreichischen an die schweizerischen Bahnen zum Zwecke; dadurch vermochte sich die Verbindung Oesterreichs mit dem Westen Europas, namentlich mit Frankreich, von Deutschland zu emanzipiren, was um so bedeutungsvoller erschien, je weniger freundlich und intim sich gerade damals die handelspolitischen Beziehungen zwischen Oesterreich und Deutschland gestalteten. Dieses Bindeglied war die gemeinhin Arlbergbahn genannte Linie, welche in Innsbruck von der Südbahn aus durch den Arlberg nach Bludenz zu der Vorarlbergerbahn führte. Die Regierung stellte den Antrag, diese Linie auf Staatskosten herzustellen und dieser Antrag wurde im Reichsrathe angenommen, ohne dass gegen das Prinzip des Staatsbaues Einwendungen gemacht worden wären; gleichzeitig wurden die für das Jahr 1880 zum Baue erforderlichen Geldmittel bewilligt (Gesetze vom 7. und 30. Mai 1880 Z. 48 und 58 R.G.Bl.). —

Die dritte That endlich, welche binnen Jahresfrist nach dem Antritte der neuen Regierung vollführt wurde, bestand in der Verstaatlichung der Albrechts-Bahn in Galizien, welche wie bei der Rudolfs-Bahn einfach in der Weise durchgeführt wurde, dass der Staat den Betrieb auf Rechnung der Privatunternehmung übernahm; diese — von Lemberg nach Stryj und von Stryj nach Stanislau führende, 181 km lange Bahn, nahm die Staatsgarantie fortwährend in hohem Maasse in Anspruch und konnte trotz dieser und aller anderen Beihilfen und Unterstützungen auch nicht im Mindesten ins wirthschaftliche Gleichgewicht gelangen. Der Staat hatte einen doppelten Rechtsgrund für die Uebernahme dieser Bahn: zunächst das allgemeine Sequestrationsgesetz vom 14. Dezember 1877 und zweitens die spezielle Bestimmung des § 22 der Konzessionsurkunde, welcher Folgendes besagt: Wenn die Betriebseinnahmen die Ausgaben nicht decken oder insolange der jährliche Staatsvorschuss nicht unter die Hälfte der garantirten Reinerträgnisse herabsinkt, hat die Staatsverwaltung das Recht den Betrieb zur Gänze oder zum Theile in eigene Verwaltung zu übernehmen oder denselben nach eigenem

Ermessen zu verpachten. Diese Aktion führte bereits der neue Handelsminister Ritter von KREMER zu Ende, welcher sein Amt im Juni 1880 antrat, jedoch schon im Januar 1881 wieder niederlegte; an seine Stelle trat der bisherige Handelsminister Baron PINO.

Ausserdem wurde die Uebernahme anderer garantirter Bahnen, welche die Staatsfinanzen übermässig belasteten, in Erwägung gezogen und namentlich wurde die Verbindung der Rudolfs-Bahn mit der zukünftigen Arlbergbahn, und die Verbindung dieser beiden Bahnen mit der Reichshauptstadt geplant. Dagegen zeigte die Regierung immer noch keine Lust zum Baue anderer neuer Bahnen, wie dies die Unthätigkeit in Betreff der böhmisch-mährischen und der galizischen Transversalbahn beweist; in Beantwortung einer im Reichsrathe vorgebrachten Interpellation bezüglich der böhmisch-mährischen Transversalbahn, sagte der Handelsminister, diese Linie würde einen Aufwand von 72 Mill. Gulden erfordern, wesshalb die Herstellung durch private Unternehmung nicht zu erwarten sei; der Staat seinerseits könne jedoch wegen der schlechten Finanzen, wegen der Kosten der Arlbergbahn und schliesslich aus dem weiteren Grunde auch nicht ans Werk gehen, weil gewisse Theile der böhmisch-mährischen Transversalbahn einigen vom Staate garantirten Bahnen Konkurrenz machen würden; in Anbetracht dessen sei höchstens die Herstellung einzelner Theile der Transversalbahn als privater Lokalbahnen zu gewärtigen. Bei der Budgetdebatte für das Jahr 1880 bekam auch die neue Regierung wieder den Vorwurf zu hören, dass sie dem Bedürfnisse der Verstaatlichung viel zu wenig Rechnung trage; es war dies wieder der Abgeordnete Herr RUSS, der Zeit Mitglied der oppositionellen Minorität, welcher entschieden die Verstatlichung vertheidigte; „es ist gut — sagte er in der 85. Sitzung der IX. Session — darauf hinzuweisen, dass hier nicht bloss österreichische Zustände maassgebend sind, sondern dass der Drang der Verhältnisse, wie sie in unseren Nachbarstaaten sich herausgebildet haben, es gar nicht mehr erlaube, ja sträflich erscheinen lasse, wenn in unserem Reiche zurückgeblieben werden wollte auf dem Wege, welchen unsere Nachbarstaaten gehen" — und dabei verwies er auf Italien, Sachsen, Bayern, ja auch auf Frankreich, insbesondere aber auf Preussen, dessen Eisenbahnpolitik „so zu sagen gewaltthätig" sei; die Arberglinie sei wegen des Ausbruches nach der Schweiz unbedingt nothwendig gewesen, aber die Zufahrt zum Arlberge sei nicht in den Händen des Staates, und desshalb müsse man die Südbahn oder die Kaiserin-Elisabeth-Westbahn heranziehen, um eine vom Staate abhängige Linie zum Arlberge zu gewinnen.

Auf die ebenbesagte Verbindung der Rudolfs- und der Arlbergbahn und deren Anschluss an Wien blieb das Augenmerk der Regierung in der That fortan gerichtet; denn hier war — wenn es überhaupt auf eine ernste und umfassende Verstaatlichungsaktion abgesehen war, der Punkt, wo man den Hebel ansetzen konnte, hier waren die Bedingungen für die Gründung eines mächtigen Staatseisenbahnnetzes gegeben. Mehrere Wege gab es, welche zu diesem Ziele führen konnten, und es wurde namentlich die Erwerbung der Südbahn, die Verlängerung der niederösterreichischen Staatsbahn bis zur Rudolfs-Bahn, die Verstaatlichung der Elisabeth-Westbahn besprochen und in Betracht gezogen. Diese letztere Eventualität zeichnete sich durch ansehnliche Vortheile aus; erwarb nämlich der Staat die Elisabeth-Bahn mit 940 km, so erzielte er nicht nur eine freie Verbindung des Centrums mit der Rudolfs-Bahn und ein mächtiges Eisenbahnnetz, sondern auch die Verknüpfung einiger bisher isolirter Eisenbahnlinien: der Braunau-Strasswalchener Bahn, der Donauuferbahn und der niederösterreichischen Staatsbahn; dagegen blieb allerdings die Arlbergbahn abgeschnitten, sofern sie bezüglich der Verbindung mit der Elisabeth- und Rudolfs-Bahn auf die Tiroler Strecke der Südbahn (Wörgl-Innsbruck) angewiesen war. Die Regierung entschied sich schliesslich für die Verstaatlichung der Elisabeth-Bahn und war daher bestrebt mit der Unternehmung ein Uebereinkommen zu treffen, denn die gesetzlichen Bedingungen der Sequestration waren nicht vorhanden, wenngleich die Westbahn, besonders für ihre jüngeren Linien die staatlichen Garantiesubventionen reichlich in Anspruch nahm; das Uebereinkommen mit den Vertretern der Gesellschaft wurde denn auch am 24. Dezember 1880 erzielt und von den Ministern des Handels und der Finanzen, den Herren KREMER und DUNAJEWSKI genehmigt. Das Ergebniss dieses Uebereinkommens war, dass der Staat die Bahn von der Gesellschaft zunächst in Pacht nehmen sollte und dass die Modalitäten für den künftigen Ankauf festgestellt wurden, von welchem derzeit hauptsächlich desshalb, weil die Gesellschaft in die bekannten Rechtshändel wegen der Währung der Prioritätsschuld verwickelt war, abgesehen wurde; der Pachtschilling sollte in einer fixen Aktienrente (drei Gattungen von Aktien mit verschiedener Rente) und einer fixen Verzinsung und Tilgung der Prioritätsschuld bestehen. Die Bedingungen des künftigen Ankaufes, dessen Zeitpunkt zu bestimmen dem freien Ermessen des Staates anheim gestellt wurde, lauteten dahin, dass der Staat die Prioritätsschuld zu übernehmen und den Aktionären Renten sicherzustellen hätte; zu diesem Zwecke sollte die Regierung zur Ausgabe von 5prozentigen in Gold verzinsbaren und in 85 Jahren zu amortisirenden Eisenbahnobligationen im Betrage von 59·2 Mill. Gulden, an deren Stelle in eventum 4prozentige Obligationen im Betrage von 74 Mill. Gulden treten dürften, ermächtigt werden.

SIEBENTES KAPITEL.

Diese Vereinbarungen bedurften einestheils der Genehmigung der Generalversammlung der Aktionäre, welche auch alsbald erlangt wurde, anderentheils der Genehmigung der gesetzgebenden Faktoren; die Regierung brachte daher am 22. Februar 1881 den Entwurf eines Gesetzes ein, mittelst dessen die angeführten Stipulationen genehmigt und die Regierung ermächtigt werden sollte, die zur Durchführung derselben erforderlichen Vorkehrungen zu treffen. Der ausführliche Motivenbericht ist auf einer vierfachen Schichte von Argumenten aufgebaut: erstens, dass das Sequestrationsgesetz die Regierung auffordere schlechtsituirte garantirte Eisenbahnen zu verstaatlichen und dies besonders dann, wenn dieselben für die Staatswirthschaft und für die Handelspolitik, namentlich wegen der Feststellung der Tarife von Wichtigkeit sind, und dass gerade dieser Verstaatlichungsakt mehr denn alle anderen den Einfluss des Staates auf die Gestaltung der Tarife zu kräftigen vermöge. An zweiter Stelle wurde das in dieser Richtung maassgebende Vorgehen und Beispiel anderer Staaten angerufen; es wurde namentlich angeführt, dass am 31. Dezember 1880 in den nachbenannten Ländern

	das Gesammt-Eisenbahnnetz betrug km	Hievon waren im Staatsbetriebe km	d. s. % des Gesammt-Eisenbahnnetzes
Ungarn	7.085	2.719	38.38
Deutsches Reich	33.731	26.165	77.57
Preussen	20.765	15.276	73.56
Bayern	4.850	4.224	87.10
Sachsen	2.073	2.073	100.00
in den übrigen Staaten	6.043	4.592	75.98
Italien	8.470	4.717	55·69
Rumänien	1.384	1.098	79.34

An dritter Stelle wurde nachgewiesen, wie denn doch das Sein und Gedeihen der verstaatlichenden Richtung und Thätigkeit von der Besitznahme eines grossen zusammenhängenden Eisenbahnnetzes abhängig sei; jetzt war man ganz ohne Zweifel endlich an dem Scheidewege angelangt: entweder wie bisher nur hier und dort „flicken", wo gerade die Noth am grössten, wo der Bankrott am nächsten, wo kein Privatunternehmer aufzutreiben ist und — das bedenklichste an der Sache — trotz aller grundsätzlichen Verstaatlichungsbereitwilligkeit immer fort sehr viel zahlen, grosse Opfer bringen und dabei nur geringen Einfluss, kleine Bahnen und keinen finanziellen Erfolg haben: oder aber den einmal freiwillig oder unfreiwillig angenommenen Verstaatlichungsgrundsatz thatkräftig anfassen und ein grosses selbstständiges Staatsbahnnetz gründen, welches einer jeden grossen Privatunternehmung gleichkäme, welches einer rationellen, selbstständigen Wirthschaft Raum böte, Einfluss auf die Tarife, auf die Volkswirthschaft gewährte und sich schliesslich auch rentiren, die finanziellen Lasten ermässigen und die Verstaatlichung thatsächlich rechtfertigen und erfolgreich machen könnte. Es wurde darauf hingewiesen, dass durch die Vereinigung der ganzen Elisabeth-Bahn, ihrer Haupt- und Nebenlinien, mit der Rudolfs-Bahn, der Linie Tarvis-Pontafel, der niederösterreichischen Staatsbahn, der Donauuferbahn, der Braunau-Strasswalchener Bahn und später mit der Arlberg- und Vorarlberger Bahn ein Netz entstünde, dessen Länge von 2190 km jenem der grössten österreichisch-ungarischen Bahn (Südbahn) gleichkäme. „Die Erwerbung der Elisabeth-Bahn — heisst es wörtlich — stellt sich aber . . . auch desshalb als ein hochbedeutsamer Schritt auf dem in Gemässheit des Gesetzes vom 14. Dezember 1877 eingeschlagenen Wege dar, weil sie vor allem geeignet erscheint, die erfolgreiche Durchführung des Staatseisenbahnbetriebes zu erleichtern und sicherzustellen. In diesem Sinne bildet die Uebernahme der Elisabeth-Bahn eine wichtige und nothwendige Ergänzung der Maassnahmen, welche die Bildung eines aktionsfähigen Staatseisenbahnnetzes in den im Reichsrathe vertretenen Ländern zum Gegenstande haben und von deren rechtzeitiger Durchführung es abhängt, ob in diesem Staatsgebiete die Institution des Staatseisenbahnbetriebes sich wird dauernd einbürgern können oder nur die Zahl der vorangehenden Experimente vermehren soll, die sich nach wechselnden Tagesströmungen auf dem verkehrspolitischen Gebiete in rascher Folge abgelöst haben". — An vierter Stelle endlich wurde das Augenmerk auf die Ersparnisse gerichtet, welche die Staatseisenbahn-Verwaltung dadurch erzielen wird, dass die verschiedenen, bereits mehrfach erwähnten westlichen Staatslinien unter einer Leitung vereinigt werden. —

Gegen den Gesetzentwurf der Regierung machte die Opposition des Abgeordnetenhauses in langer Debatte heftige Angriffe, welche jedoch viel mehr gegen die konkrete Durchführung, als gegen das Verstaatlichungsprinzip gerichtet waren; die Majorität befürwortete schweigend die Regierungsvorlage, welche auch am 7. April 1881 mit geringer Mehrheit angenommen wurde. Allein die Sache war diesmal durch den Beschluss des Abgeordnetenhauses nicht erledigt; im Herrenhause hatte die Opposition gegen die Modalitäten — wiederum nicht gegen das Prinzip — dieser Verstaatlichung die Majorität, und sie gründete ihren Widerstand darauf, dass die Vereinbarung sowohl wegen der übernommenen Verpflichtung die Renten in Gold auszuzahlen, als auch wegen der Unsicherheit in Bezug auf die Währung der Prioritätenkoupons für den Staat ungünstig sei. Das ganze Vorhaben drohte zu scheitern und schon hiess es, der Betrieb der Rudolfs-Bahn werde unter die Süd- und die Elisabeth-Bahn aufgetheilt werden. Erst im Monate Dezember 1881, nachdem das Herrenhaus durch eine Reihe neuer Mitglieder vermehrt worden war, gelang es auch in diesem Hause eine kleine Mehrheit für den Regierungsentwurf zu erzielen. Der Beschluss des Reichsrathes wurde sodann am 23. Dezember 1881 zum Gesetze und der Staat übernahm mit Beginn des Jahres 1882 den Betrieb der mit den bezeichneten Nachbarbahnen unter einer Direktion in Wien vereinigten Elisabeth-Bahn.

Die zweite eisenbahnpolitische Regierungsaktion des Jahres 1881 steht in einem auffallenden Widerspruche zu dem Geiste und der Richtung der Gesammtheit der eisenbahnpolitischen Grundsätze, wie solche praktisch in der Verstaatlichung der Elisabeth-Bahn zum Ausdrucke gelangt waren; sie betrifft die galizische Transversalbahn. Am 22. Februar 1881 hatte die Regierung dem Reichsrathe jenen gewaltigen Verstaatlichungsschritt, welcher durch die Besitznahme der Elisabeth-Bahn unternommen werden sollte, in Vorschlag gebracht, und am 5. April 1881 stellte sie den Antrag, den Bau der galizischen Transversalbahn im Konzessionswege an eine Privatunternehmung (die österreichischen Länderbank) zu vergeben, zum Zwecke der Vollendung des Baues unverzinsliche Vorschüsse bis zum Betrage von 8 Mill. Gulden, d. h. bis zu zwei Drittheilen des Aktienkapitals zu gewähren und dafür als Rückzahlung Aktien im vollen Nennwerthe zu nehmen, und endlich nicht nur den Betrieb der neuen Bahn, sondern auch den der galizischen Staatslinien für die ganze Dauer der Konzession der Privatunternehmung der Lemberg-Czernowitzer Bahn zu übergeben. Schon der Ausschuss des Abgeordnetenhauses verwarf unter dem Drucke der Opposition diese Vorlage und beantragte in seinem Berichte (Zahl 349 der Beilagen zum stenogr. Prot. der IX. Session), die galizische Transversalbahn innerhalb 3½ Jahren auf Staatskosten mit dem Maximalaufwande von 24.2 Mill. Gulden herzustellen; für den Staatsbau — argumentirt der Ausschuss in seinen Ausführungen, — sprechen in diesem Falle nicht nur alle die Gründe, welche überhaupt für das Staatseisenbahnsystem ins Treffen geführt werden können, welche zum Garantiegesetz geführt und die Verstaatlichung der Elisabeth-Bahn bewirkt haben, sowie die bisherigen günstigen Erfahrungen bei Staatsbauten, sondern auch finanzielle Rücksichten; wenn nämlich der Staat selbst baut, so braucht er nur für die Verzinsung der Baukosten, das ist effektiv von 25.8 Mill. Gulden Sorge zu tragen; wenn er jedoch im Sinne des Regierungsvorschlages den Bau vergibt, so muss er nicht nur 8 Mill. Gulden bezahlen, sondern er haftet als Besitzer zweier Drittheile des Aktienkapitals — zum mindesten moralisch — für die Verzinsung der Prioritätsschuld im Betrage von 24 Mill. Gulden in Gold, oder 27.8 Mill. Gulden in Noten. Die Ausschussanträge gelangten zur Annahme und mit dem Gesetze vom 28. Dezember 1881 Z. 150 des R.G.Bl. wurde die Herstellung der galizischen Transversalbahn auf die soeben angedeutete Weise angeordnet. —

Es verdient hervorgehoben zu werden, dass in der Budgetdebatte (am 28. Mai 1881) der Abgeordnete Herr KRONAWETTER, ein eingefleischter Widersacher der österreichischen Subventionswirthschaft, die garantirten Eisenbahnen und deren unökonomische Gebahrung einer neuerlichen Kritik unterzog, wenngleich er seiner Befriedigung darüber Ausdruck gab, dass sich die Summe der Garantiesubventionen endlich (auf 18 Mill.) vermindert hat und ferner, dass Herr FRIEDMANN, welcher seither leider dem österreichischen Parlamente durch den Tod entrissen wurde, bereits bei diesem Anlasse (am 16. Mai 1881) die Verstaatlichung der Ferdinands-Nordbahn anregte.

ACHTES KAPITEL.

Eintheilung der Geschehnisse der Jahre 1882, 1883 und 1884, S. 90.
I. Die Ausbreitung des Staatseisenbahnnetzes durch den Bau neuer Staatsbahnen: Die Verlängerung der galizischen Transversalbahn; die Linie Stryj-Beskid; Herpelje-Triest; die Verlängerung der Dalmatiner Bahn; S. 90. Die böhmisch-mährische Transversalbahn; Motive und Projekt, S. 92. Das Eisenbahn-Péage-System, S. 94. Seine Anwendung in Oesterreich, S. 95. Seine Durchführung bei der böhmisch-mährischen Transversalbahn: die Enteignung, S. 97. Derselbe Vorgang zu Gunsten der Staatslinie Herpelje-Triest, S. 100. Die Trajektanstalt in Bregenz am Bodensee. S. 101.

II. Die Ausdehnung des Staatsbetriebes durch Ansichnahme des Betriebes auf bereits staatlichen Linien, S. 102.

III. Der faktische und der faktische und rechtliche Erwerb von Privatbahnen, S. 104. Die Elisabeth-, Rudolfs- und Albrechts-Bahn, S. 105. Die Vorarlberger und die mährische Grenzbahn, S. 106. Die Verstaatlichung böhmischer Bahnen, S. 107. Kleinere Verstaatlichungsmaassnahmen, S. 109.

Uebersicht der Ergebnisse der Verstaatlichung, S. 109; die verstaatlichten Eisenbahnen zusammengestellt: nach Ländergruppen, S. 110; nach dem rechtlichen Verhältnisse des Staates zu denselben, S. 112; die im fremden Betriebe stehenden Staatsbahnen, S. 112; die im Bau befindlichen Staatsbahnen, S. 113. Die gesetzliche Sicherstellung des staatlichen Selbstbetriebes, S. 114. Die Einlösungen, S. 114. Das Eisenbahnbudget des Jahres 1885, S. 115. Die Organisation des Staatseisenbahnbetriebes, S. 117.

Schlusswort, S. 118.

ACHTES KAPITEL.

In den folgenden und für unsere Betrachtungen letzten drei Jahren 1882, 1883 und 1884 bewegte sich die Verstaatlichungsthätigkeit mit ausgiebigen, wenn auch nicht stürmischen Schritten nach vorwärts; muss man doch darauf Bedacht nehmen, dass die österreichischen Regierungen — um ein früher citirtes Wort zu gebrauchen — nicht in „gewaltthätiger" Weise vorzugehen pflegen, dass ferner die österreichischen Finanzen die Schnelligkeit einer jeden Aktion, welche Geld erfordert, vermindern und dass schliesslich auch das Zustandekommen gesetzgeberischer Akte auf Grund von Unterhandlungen mit privaten gesellschaftlichen Unternehmungen so zu sagen eine natürliche Neigung zur Weitschweifigkeit und Langwierigkeit in sich trägt. Das, was in den genannten drei Jahren vollbracht wurde, erlauben wir uns in drei Gruppen einzutheilen, welche wir etwa mit den nachstehenden Aufschriften bezeichnen möchten: erstens die Ausbreitung des Eisenbahnnetzes durch den Bau neuer Staatsbahnen; zweitens die Erweiterung des Staatseisenbahnbetriebes durch Besitznahme der dem Staate bereits gehörenden jedoch bisher im Betriebe von Privatunternehmungen stehenden Linien und drittens die Ausdehnung des Staatsbahnsystemes durch faktischen oder durch rechtlichen und faktischen Erwerb von Privatbahnen.

Was den ersten Punkt belangt so eröffnete die Regierung in Erfüllung vielfacher dringender Wünsche bereits in der Session des Reichsrathes 1881—1882 eine ansehnliche Thätigkeit dadurch, dass sie die Gesetzentwürfe betreffend die Herstellung wichtiger Zweiglinien der galizischen Transversalbahn, betreffend die Verbindung der Istrianer Bahnen mit Triest und betreffend die Ausführung der böhmisch-mährischen Transversalbahn einbrachte; zu diesen gesellte sich in der nächstfolgenden Legislaturperiode (1882—1883) der Antrag auf Verlängerung der dalmatinischen Eisenbahn, welche seitens Dalmatiens schon längst ersehnt wurde, und sodann der Antrag auf den Bau einer Bahn von Stryj nach Beskid. — Die galizische Transversalbahn sollte von Sucha, nahe bei ihrer Ausmündung im Westen einerseits gegen Norden nach Skawina und von dort gegen Osten nach Podgorze (Karl-Ludwigs-Bahn) und gegen Westen nach Oswięczim (Nordbahn), andererseits von Saybusch gegen Südwesten nach Zwardon (Czacza) zur Kaschau-Oderberger Bahn verlängert werden; der Bau dieser Bahnen wurde genehmigt und mit dem Gesetze vom 28. Februar 1883 Z. 22 des R.G.Bl. verordnet. — Die Eisenbahn von Stryj, wo die Dniester- und die Albrechts-Bahn zusammentreffen, nach Beskid hat die wichtige Verbindung der galizischen mit dem nordöstlichen Netze der ungarischen Bahnen herzustellen; an diese letztere soll die neue Bahn in Beskid, bis zu welchem Punkte die ungarischen Bahnen von Munkacs aus verlängert werden, anschliessen; auch der Bau dieser Bahn wurde bewilligt und mit dem Gesetze vom 7. Juni 1883 Z. 107 des R. G. Bl. angeordnet. — Von der Hauptlinie der Istrianer Bahnen (Divacca-Pola) hatte bei der Station Herpelje-Kozina eine Linie nach Triest abzuzweigen; war dann die Istrianer Staatsbahn einmal mit Triest verbunden, so lag es sehr nahe, die unmittelbare Verknüpfung derselben mit dem westlichen Staatsbahnnetze ins Auge zu fassen; dieses letztere mündet nämlich durch die Rudolfs-Bahn in Laibach aus, so dass die Verbindung der Istrianer Staatsbahn mit den westlichen Staatsbahnen der Zeit durch eine fremde Bahn, die Strecke Laibach-Divacca der Südbahn, vermittelt wird; was in dieser Richtung unternommen wurde, soll später zur Darstellung gelangen. — Die von Spalato über Perković nach Sebenico einerseits und nach Siverić andererseits führende dalmatinische Eisenbahn sollte von Siverić bis Knin verlängert werden; so wurde es auch genehmigt und mit dem Gesetze vom 5. Juni 1883 Z. 105 des R.G.Bl. angeordnet. —

Eine merkwürdige Eisenbahnunternehmung, in Oesterreich nahezu ein Unikum, wird in ihrer Durchführung die böhmisch-mährische Transversalbahn sein, deren Wichtigkeit, ja geradezu unbedingte Nothwendigkeit in dem Grade anerkannt wurde, dass im Abgeordnetenhause im Laufe der Debatte nicht ein einziger von den vielen Rednern gegen dieselbe aufgetreten ist. Der Motivenbericht des am 28. März 1882 vorgelegten Regierungsentwurfes ergeht sich zunächst in Klagen über die Spekulation, welche sich zu den Hauptlinien drängt, dagegen die weniger einträglichen, aber volkswirthschaftlich nicht minder wichtigen Nebenrichtungen vernachlässigt und besagt sodann in etwas halsbrecherischer Stylisirung wörtlich wie folgt: „Umso dringender tritt an den Staat, sobald in seiner Fürsorge dem allmählichen Uebergange zum Staatseisenbahn-Systeme entsprechend auch der Schwerpunkt der Eisenbahnbauthätigkeit gefunden wird, die Aufgabe heran, der Einbeziehung der bisher vernachlässigten und desshalb in ihrer wirthschaftlichen Entwickelung zurückgebliebenen Landestheile durch Ausbau der Nebenlinien im Sinne einer planmässigen Ergänzung der vorhandenen Schienenwege zu einem dem Verkehrsbedürfnisse entsprechenden Schienennetze seine werkthätige Förderung zuzuwenden. Und es mag in dieser Aufgabe nicht so sehr ein Gebot ausgleichender Gerechtigkeit zu erkennen sein, als vielmehr eine im eigensten Interesse des Staats gelegene Vorsorge zur Hebung des Wohlstandes und der Steuerkraft, wo diese letzteren durch den bei ungleicher Vertheilung doppelt empfindlichen Mangel an Eisenbahnverbindungen in Frage gestellt sind."

Die böhmisch-mährische Transversalbahn sollte nicht eine einheitliche Unternehmung und ein, wir möchten sagen arrondierter Eigenthumskomplex, sondern bloss eine geographische und zum Theile administrative Einheit sein, eine Aufeinanderfolge verschiedener benachbarter Bahnen, welche auf der Landkarte gleich einer Mähren und Böhmen durchziehenden Linie neben einander liegen; hierin ahmte sie zum Theile die galizische Transversalbahn nach, nur dass dieses Vorbild bis zur Karikatur übertrieben wurde. Es handelte sich um die Bewirkung einer möglichst geraden Eisenbahnverbindung zwischen der ungarisch-mährischen Grenze im Osten der mährischen Stadt Ungarisch-Hradisch an dem Wlarapasse und zwischen der bayrisch-böhmischen Grenze bei Taus; es sollten demnach die nachstehenden Punkte unter einander durch Schienenwege verbunden werden: Ungarische Grenze-Ungarisch-Hradisch-Brünn-Iglau-Tabor-Pisek-Horaždiowitz-Klattau-Taus; Iglau und Pisek sollten ausserdem — um nur diese wichtigere Abzweigung anzuführen — mittelst einer südlicheren Linie: Iglau-Neuhaus-Weseli-Budweis-Pisek verknüpft werden. Wie ein Blick auf die Karte zeigen konnte, waren einige dieser Punkte unter einander bereits in Eisenbahnverbindung; als Beispiel führen wir an: Theilstrecken zwischen Brünn und Iglau (Staatseisenbahn-Gesellschaft und österreichische Nordwestbahn); Pisek-Horaždiowitz (Kaiser-Franz-Josefs-Bahn); Klattau-Janowitz (Pilsen-Priesner Bahn); schliesslich die Strecken Weseli-Budweis, Budweis-Pisek, (Kaiser-Franz-Josefs-Bahn). Im Hinblicke auf die eben zu hohem Aufschwunge gelangte Entwickelung des Lokalbahnwesens stand zu erwarten, dass noch verschiedene andere Punkte im Wege der privaten Bauthätigkeit ihre Verbindung finden werden; so verpflichtete sich denn zum Beispiel die Staatseisenbahn-Gesellschaft schon durch das Uebereinkommen vom 12. November 1882, dessen später noch zu gedenken sein wird, auf eigene Kosten nahezu den ganzen mährischen Theil der Transversalbahn herzustellen, nämlich westlich von Brünn die Linie Segen Gottes-Okřisko-Gross-Meseritsch, östlich von Brünn alles was bis zur ungarischen Grenze am Wlarapasse fehlte. Es wurde demnach folgendes beschlossen: Der Staat erbaut nur das, was nicht im Wege der Privatunternehmung hergestellt wird; die bereits bestehenden Bahnen werden im Wege der Expropriation verpflichtet, — allerdings gegen Entgelt — zuzulassen, dass der Staat ihre zwischenliegenden Strecken gleich eigenen benütze; denjenigen aber, welche sich, wie z. B. die Staatseisenbahn-Gesellschaft, um die Konzession zum Baue irgend einer neuen Zwischenstrecke bewerben sollten, wird die Verpflichtung auferlegt sich nach dem Ermessen der Staatsverwaltung gegebenen Falls auch der vollständigen Verstaatlichung zu unterwerfen. Auf diesen Grundlagen beruht das Gesetz, betreffend den Bau der böhmisch-mährischen Transversalbahn sowie es nach mannigfachen wechselvollen Schicksalen und Verhandlungen im April 1883 seitens des Abgeordnetenhauses angenommen und am 25. November 1883 (Z. 173 d. R.G.Bl) sanktionirt wurde. Besondere Aufmerksamkeit verdienen zwei Bestimmungen dieses Gesetzes, und zwar vorerst jene, welche im III. und IV. Artikel enthalten ist und durch welche in der bei Privatlokalbahnen üblichen Weise der Bau einzelner Linien davon abhängig gemacht wird, dass sowohl die Länder als auch Privatinteressenten dem Staate zur Deckung der Baukosten beisteuern; die zweite, im IX. Artikel enthaltene Bestimmung betrifft die Mitbenützung jener Privatbahnen, welche in die Richtung der Staatslinien der böhmisch-mährischen Transversalbahn fallen; bei diesem Punkte sei es gestattet einen Augenblick zu verweilen.

Es ist einleuchtend, dass eine Eisenbahnunternehmung, deren in gerader Richtung — z. B. von Osten nach Westen —

laufende Linien nicht zusammenhängen und durch eine fremde, in gleicher Richtung führende Bahn unterbrochen sind, durch eine derartige Gestaltung der Dinge in ihrem Betriebe in jeder Beziehung behindert ist, und diess um so mehr, wenn das „Privilegium", das Konzessionsrecht, der fremden, zwischenliegenden Bahn die Verbindung der getrennten Punkte der eigenen Linie durch Herstellung einer mit der fremden parallel laufenden neuen Bahn verbietet und ausschliesst. Eine so beschaffene Unternehmung wird alsdann nichts sehnlicher wünschen und erstreben als die Erlaubniss, die fremde Bahn gleich der eigenen benützen, d. h. dieselbe mit eigenen Fahrbetriebsmitteln, insonderheit mit ganzen Zügen befahren zu dürfen, so wie mit gewöhnlichen Fuhrwerke Strassen befahren werden, welche dem Frächter nicht gehören. Die fremde Bahn mag mitunter ein wirthschaftliches Interesse daran haben, eine derartige Mitbenützung zu gestatten, allein immer wird sie — mag dies oder das Gegentheil der Fall sein — zunächst darauf bedacht sein, die Entschädigung für die Abnützung der Strecke, für die Kosten der Verwaltung, Beaufsichtigung u. s. w., welche das Durchfahren der Züge einer anderen Bahn verursacht, in Anschlag zu bringen; diese Entschädigung steht in naher Verwandtschaft mit dem gewöhnlichen Mauthgelde und ein solches Eisenbahn-Mauthgeld — wir wollen wegen finanzwissenschaftlicher Bedenken den üblichen Ausdruck Mauthgebühr vermeiden — heisst Péage; dieses Wort bezeichnet in einer weiteren Bedeutung jene Mitbenützung selbst, welche in der Weise erfolgt, 'dass eine Bahn mit ihren Fahrbetriebsmitteln selbstständig eine fremde Bahnlinie befährt; man spricht sodann von Péageverträgen, von Péagelinien, von der freiwilligen oder vertragsmässigen und der zwangsweisen Péage u. s. w. —

Das Bedürfniss einer derartigen Péage machte sich bei

der Verwaltung der Staatsbahnen ohne Zweifel in dem Augenblicke fühlbar, als nach der Verstaatlichung der Vorarlberger Bahn, von welcher nach der obgedachten Gruppirung der Thatsachen erst weiter unten zu sprechen sein wird, der Bau der Arlbergbahn der Vollendung entgegenging, so dass im äussersten Westen Oesterreichs ein wichtiger Komplex von Staatsbahnen, welcher mit dem östlicher gelegenen Netze der alpinen Staatsbahnen in keinem unmittelbaren Zusammenhange stand, zu entstehen im Begriffe war: in der Station Wörgl in Tirol endet nämlich die Elisabeth-Bahn indem sie in die Südbahn einmündet; die Linie Wörgl-Innsbruck befand sich aber im ausschliesslichen Besitze der Südbahn und erst von der Südbahnstation Innsbruck zweigt die Arlberg-Bahn nach Westen ab, an welche sich sodann die Vorarlberger Bahn anschliesst. Bei der Konvergenz der Interessen kam zwischen der Verwaltung der Staatsbahnen und der Südbahn ein Péagevertrag ohne Schwierigkeiten zu Stande; denn durch die Arlbergbahn und durch den gewaltigen Tunnel wurde dem Verkehre und insbesondere der Ausfuhr aus dem ganzen österreichisch-ungarischen Reiche ein neues weites Ausfallsthor eröffnet und es stand zu erwarten, dass sich zu diesem Thore die Güter nicht allein über die östlich vom Arlberg gelegenen Staatsbahnen, sondern auch über die Südbahn bewegen werden, welche die gleiche Lage hat und mit ihren Haupt- und Zweiglinien ohne Unterbrechung gegen Süden bis an die Adria und gegen Osten nach Ungarn und Kroatien reicht. Mit dem am 7. Juni 1883 abgeschlossenen Vertrage gab die Südbahn ihre Einwilligung dazu, dass die Verwaltung der Staatsbahnen zum Zwecke der Verbindung der getrennten Staatslinien die 58.7 km lange Strecke Wörgl-Innsbruck neben der Südbahn gleich wie ein selbstständiger Unternehmer gegen eine Vergütung (Eisenbahn-Mauthgeld, Bahngeld) benütze, welche in

ACHTES KAPITEL.

der Weise bemessen wird, dass die Verzinsung des Baukapitals (5,2 Prozent) und die gesammten auf die genannte Strecke entfallenden Kosten (Bahnaufsicht, Bahnerhaltung, Verkehrsdienst u. s. w.) auf beide Mitbenützer (k. k. Staats- und Südbahn) „im Verhältnisse — wie es wörtlich in dem Uebereinkommen heisst — der von den beiderseitigen Zügen in der Péagestrecke zurückgelegten Achskilometer der Fahrbetriebsmittel aller Art vertheilt werden, wobei es keinen Unterschied macht, ob die Wagen beladen (besetzt) oder leer gefahren werden"; der Lokalverkehr auf dieser Linie blieb der Südbahn allein vorbehalten. Der Vertrag trat am 1. Juli 1883, das ist an jenem Tage in Kraft, an welchem der Betrieb der Theilstrecke Innsbruck-Landeck der Arlbergbahn eröffnet wurde. — Aehnliche Verträge mussten zum Zwecke des ungehinderten Betriebes der galizischen Transversalbahn angestrebt und abgeschlossen werden, weil diese an zwei Stellen durch fremde, in gleicher Richtung laufende Bahnen unterbrochen erscheint: zwischen Zagorz und Chyrów durch die ungarisch-galizische und zwischen Stanislau und Chryplin durch die Lemberg-Czernowitzer Eisenbahn.

In weitaus höherem Maasse bedarf oder vielmehr wird es der Péage bei der böhmisch-mährischen Transversalbahn bedürfen, welche, wie dargelegt, eigentlich bloss die Lücken zwischen den bereits bestehenden Bahnen auszufüllen bestimmt ist. Der Antrag, welchen die Regierung am 28. März 1882 in Betreff der Ausführung dieser Bahn im Abgeordnetenhause einbrachte, richtete wohl sein Augenmerk auf die Mitbenutzung der zwischenliegenden fremden Bahnen, aber wie er überhaupt den einheitlichen Charakter der projektirten Bahn nicht recht berücksichtigte, indem beispielsweise nicht einmal die Bezeichnung „böhmisch-mährische Transversalbahn" angewendet wurde, so fehlte es auch bezüglich der in Rede stehenden Angelegenheit an jeglicher genauen Bestimmung; der Ausschuss des Abgeordnetenhauses betonte indessen den besagten einheitlichen Charakter auf das Nachdrücklichste und stellte, geleitet von der Erwägung, dass es bedenklich wäre, die einheitliche Gestaltung der Bahn von dem unberechenbaren Gutdünken der zwischenliegenden Bahnunternehmungen in Betreff der Péageverträge abhängig zu machen, den Antrag, in das Gesetz selbst die Bestimmung aufzunehmen, dass die mehrbesagte Mitbenutzung im Wege der Expropriation erwirkt, bezw. erzwungen werden könne, falls eine auf beiderseitiger Zustimmung beruhende Regelung nicht zu Stande kommen sollte. Durch diesen Antrag sollte in die österreichische Eisenbahn-Gesetzgebung eine schwerwiegende Neuerung eingeführt werden: die Enteignung der Dienstbarkeit einer Bahn zu Gunsten einer anderen zum Zwecke des besseren Betriebes; man berief sich auf gewisse angeblich gleichgeartete Bestimmungen in der englischen, preussischen und französischen Gesetzgebung, welche jedoch unseres Erachtens nicht ganz zutreffend gleicher Natur sind; die Juriskonsulten der Regierungsbank wiesen auf die allgemeinen Bestimmungen des bürgerlichen Gesetzes (§ 365) über die Enteignung hin; auch das Eisenbahn-Expropriationsgesetz vom 18. Februar 1878 Z. 30. d. R.G.Bl. wurde zu Hilfe gerufen, aber wie uns däucht nicht ohne eine gewaltthätige Interpretation; berechtigter erscheint uns die Berufung auf die Vorschriften des allgemeinen Eisenbahn-Konzessionsgesetzes vom 14. September 1854 Z. 238 d. R.G.Bl. (§ 10 lit. g)*). Doch sei dem wie ihm wolle, der Antrag

---

*) § 10 lit. g des allgemeinen Konzessionsgesetzes lautet: „Die konzessionirten Eisenbahnunternehmungen haben dagegen ausser den schon in den allgemeinen Gesetzen enthaltenen Verpflichtungen folgende Verbindlichkeiten gegenüber der Staatsverwaltung zu erfüllen: g) Die Eisenbahnunternehmung hat sich mit den angränzenden Eisenbahnen (dieselben

wurde gestellt und schliesslich auch als Artikel IX, wenngleich nach scharfen Anfechtungen, mit Stimmenmehrheit angenommen (Sitzung des Abgeordnetenhauses vom 13. April 1883). Dieser Artikel bestimmt nun im Wesentlichen folgendes: Mit den in die Hauptrichtung der Transversalbahn fallenden Bahnen ist ein Uebereinkommen in dem Sinne zu treffen, dass der Staatsverwaltung die Mitbenutzung der fremden zwischenliegenden Bahnstrecken derart eingeräumt wird, dass dieselbe berechtigt ist unter freier Feststellung des Tarifes ganze Züge oder einzelne Wagen über jene Bahnstrecken gegen Entrichtung einer fixen Entschädigung zu befördern oder befördern zu lassen; „falls ein solches Uebereinkommen nicht zu Stande kommt, kann die Einräumung dieser Mitbenutzung als dingliches Recht im Enteignungswege in Anspruch genommen werden"; das Expropriationsverfahren hat nach Maassgabe der Bestimmungen des soeben gedachten Eisenbahn-Expropriationsgesetzes vor sich zu gehen; die Kompetenz der zur Mitwirkung berufenen Verwaltungsbehörden und Gerichte wurde speziell festgestellt; des weiteren wurde angeordnet, dass die Entschädigung in einer Jahresrente (Eisenbahn-Mauthgeld) bestehen solle und das Minimum bestimmt, unter welches diese Rente nicht herabsinken darf; dieses Minimum ist in der Weise zu ermitteln, dass die gesammten Selbstkosten der mitbenutzten Bahn „für die von ihr im Gemein-

---

mögen zur Zeit der Konzessionirung bereits errichtet sein oder erst in der Folge erbaut werden) in Betreff der Fahrordnung, der wechselseitigen Benutzung der Bahn und der Betriebsmittel und überhaupt bezüglich der Ordnung der wechselseitigen Verkehrsverhältnisse einzuverstehen.

Sollte ein gütliches Uebereinkommen nicht zu Stande kommen oder die getroffene Verabredung den öffentlichen Interessen nicht entsprechen, so hat das Ministerium für Handel, Gewerbe und öffentliche Bauten die erforderlichen Verfügungen von Amtswegen zu treffen, welchen Anordnungen sich sodann die Eisenbahnunternehmungen zu fügen haben."

schaftsbetriebe bewirkten Leistungen" und überdiess das mit 5 $^{1}/_{16}$ Prozent berechnete Jahreserforderniss für Verzinsung und Tilgung des Anlagekapitals nach dem Verhältnisse der Antheile an den im Rechnungsjahre auf der mitbenützten Bahnstrecke bewirkten gesammten Transportleistungen aufgetheilt werden.

Exempla trahunt. Am 27. März 1882 hatte die Regierung den Gesetzentwurf über den Ausbau der Istrianer Bahnen in der Richtung von Herpelje nach Triest eingebracht und obzwar sie im Motivenberichte sich dahin äusserte, dass ihr die Lage der Staatsfinanzen die grösste Reserve und Vorsicht in Bezug auf die Uebernahme von Kosten für neue Bahnbauten auferlege, stellte sie nichts desto weniger im Artikel III Kredite für die Vollendung der Vorarbeiten zu einer selbstständigen Verbindung der Rudolfs-Bahn mit Triest in Anforderung; diese Verbindung sollte einerseits durch die beantragte Linie Herpelje-Triest, andererseits aber durch die Strecke, für welche die Vorarbeiten unternommen werden sollten und welche von einem Punkte der Rudolfs-Bahn direkt zur Istrianer Bahn nach Divacca zu gehen hatte, vermittelt werden; an der Rudolfs-Bahn war die Station Laak (nordwestlich von Laibach) als Ausgangspunkt der neuen Strecke ausersehen. Der Ausschuss des Abgeordnetenhauses strich — wohl mit Rücksicht auf die erwähnte finanzielle Lage — in dem Gesetzentwurfe jene Kreditforderungen und schied überhaupt die Erwähnung einer selbstständigen Verbindung von Triest mit der Rudolfs-Bahn aus; dagegen fand er an der unselbstständigen Verbindung mittelst Péage auf der Südbahnstrecke Laibach-Divacca Gefallen; so stellte er denn im Artikel VII dem Abgeordnetenhause einen Antrag, welcher in seinen wesentlichen Theilen mit dem bereits dargelegten Antrage in Betreff der böhmisch-mährischen Transversalbahn vollkommen übereinstimmt. Das

Gesetz, betreffend den Bau der Linie Herpelje-Triest erlangte früher die Sanktion als das Gesetz über die böhmisch-mährische Transversalbahn und so war wohl, mit Rücksicht auf die gesetzgeberische Fertigstellung das erste Beispiel jener neuartigen Eisenbahn-Expropriation an der Istrianer Bahn gegeben; in Wirklichkeit ist dieses früher erlassene Gesetz eine Kopie, aber juristisch vollkommener als das böhmisch-mährische Original, weil es die enteigenbare Mitbenützung (Péage) schärfer und enger festsetzt. — Auch jene spezielle Beitragsleistung der Interessenten, welche wir im Gesetze vom 25. November 1883 in Betreff der böhmisch-mährischen Transversalbahn kennen gelernt, finden wir im Artikel II des Gesetzes vom 1. Juni 1883, betreffend die Bahn Herpelje-Triest, indem die Beitragsleistung der Stadt Triest zur Bedingung des Baues gemacht wurde. — Es ist ausser Zweifel, dass auch in diesen zwei speziellen Enteignungsgesetzen oder vielmehr Enteignungsparagraphen ein Stück Verstaatlichung enthalten ist.

An dieser Stelle muss schliesslich des Umstandes Erwähnung geschehen, dass nach dem Gesetze vom 4. Juni 1883 Z. 104 d. R.G.Bl. der eigene Bereich des Verkehres auf der Arlberg- und der Vorarlberger Bahn über Bregenz hinaus ausgedehnt wurde, allerdings nicht etwa durch Vorschiebung des österreichischen Schienenweges in das Gebiet fremder Staaten, sondern durch Errichtung einer mit dem Bregenzer Bahnhofe verbundenen Trajektanstalt auf dem Bodensee. Diese Anstalt, für welche ein Kostenaufwand von 820.000 fl. bewilligt wurde, ist vorzugsweise dazu bestimmt, die Verbindung der westösterreichischen mit den württembergischen und badischen Bahnen zu vermitteln; dieselbe ist der Verwaltung der Staatsbahnen unterstellt und wurde gleichzeitig mit der zweiten Hälfte der Arlbergbahn (Landeck-Bludenz) im September 1884 dem Betriebe übergeben.

Wie im Beginn dieses Kapitels besagt worden, wollten wir uns erlauben das in den Jahren 1882, 1883 und 1884 Vollbrachte in drei Gruppen zu scheiden; über die erste dieser Gruppen — die Ausbreitung des Eisenbahnnetzes durch den Bau neuer Staatsbahnen — wurde die Abhandlung soeben zu Ende geführt; nunmehr soll mit flüchtigeren Zügen die zweite Gruppe zur Darstellung gebracht werden, welche jene Maassnahmen in sich begreift, durch welche der Staatseisenbahnbetrieb im Wege der Uebernahme des Betriebes auf solchen Linien, welche dem Staate wohl schon gehörten, jedoch bisher von Privatunternehmungen verwaltet wurden, erweitert wurde. Der Vollständigkeit halber sei hier folgendes wiederholt hervorgehoben: zunächst dass der Betrieb der Donauuferbahn bereits mit 1. Januar 1879 der Privatverwaltung entzogen und mit der staatlichen Betriebsführung der niederösterreichischen Bahnen vereinigt worden ist; sodann dass der Betrieb der Linie Tarvis-Pontafel, welcher sich durch einige Monate in Händen der Rudolfs-Bahn befunden hatte, mit 1. Januar 1880 der Staatsverwaltung übertragen wurde, an welchem Tage die ganze Rudolfs-Bahn in den Staatsbetrieb übergegangen ist; und drittens endlich, dass am 1. Januar 1882 der Betrieb der vom Staate angekauften Linie Braunau-Strasswalchen, welcher sich in der Hand der Elisabeth-Bahn befunden hatte, gleichzeitig mit dem Betriebe der letzteren Bahn von der Staatsverwaltung übernommen worden ist. Im Jahre 1882 wurde der Südbahn der Betrieb der Istrianer Bahnen, welchen sie von Anfang an geführt, gekündigt, und es übernahm denselben mit 1. Januar 1883 die Direktion für Staatseisenbahnbetrieb in Wien. Im Jahre 1883 erfolgten drei Kündigungen dieser Art: der böhmischen Westbahn wurde der Betrieb der Linie Rakonitz-Protivin und der ersten ungarisch-galizischen die Dniester- und die Tarnow-Leluchower Bahn mit 1. Januar 1884 gekündigt. Zur Kündigung des Betriebes der Rakonitz-Protiviner Bahn führte die Aussicht auf die Verstaatlichung der Kaiser-Franz-Josefs-Bahn, über welche Unterhandlungen gepflogen wurden; auch für den ungehinderten Betrieb der Rakonitz-Protiviner Bahn bedurfte es einer Péage, denn es ist bekannt, dass diese Bahn keineswegs ein zusammenhängendes Ganze bildet, sondern aus zwei Theilen besteht, welche zwischen Beraun und Zdic durch eine fremde Bahn, die böhmische Westbahn, verbunden sind; es war indess hiefür bereits durch einen Péagevertrag älteren Datums Vorsorge getroffen, welcher noch zu einer Zeit (6. Mai 1876) abgeschlossen worden war, als der Betrieb der Rakonitz-Protiviner durch eine andere Bahn als die böhmische Westbahn besorgt wurde. Der Betrieb der Dniester- und der Tarnow-Leluchower Bahn wurde mit dem Betriebe der Albrechts-Bahn und der mittlerweile verstaatlichten mährischen Grenzbahn vereinigt, und einer eigenen Ministerial-Kommission übertragen, während die Rakonitz-Protiviner Bahn einem Oberbahnbetriebsamte in Přibram übergeben wurde, welches seinerseits wieder der Direktion in Wien unterstellt war.

Wo nur immer eine halbwegs bedeutendere Staatslinie vorhanden war, wurde sie also den bisherigen privaten Betriebsverwaltungen entzogen und in die eigene Verwaltung des Staates genommen; einzig und allein auf einigen kleineren, abgetrennten Bruchtheilen der Staatsbahnen verblieb und verbleibt der Betrieb in den Händen jener privaten Unternehmungen, mit deren Bahnen die genannten Splitter zusammenhängen. Es sind diess die Sekundärbahnen Mürzzuschlag-Neuberg in Steyermark und Unterdrauburg-Wolfsberg in Kärnthen und

Steyermark, ferner Kriegsdorf-Römerstadt in Mähren und Erbersdorf-Würbenthal in Schlesien; die erste und zweite dieser Bahnen zweigen von der Hauptlinie der Südbahn ab und wurden auch ihr zum Betriebe überlassen; die dritte und vierte sind Zweiglinien der mährisch-schlesischen Centralbahn, welcher gleichfalls der Betrieb übertragen ist. Dass dem Staate auch die Abschlusslinien Bodenbach-sächsische Grenze und Kufstein-bayerische Grenze gehören, ist aus dem früher Gesagten bekannt. Indess umfassen alle diese Strecken, welche wohl im Eigenthume jedoch nicht im Betriebe des Staates sich befinden, noch nicht 100 km (96.8).

Als dritte Kategorie der in der jüngst verflossenen dreijährigen Periode vollzogenen Verstaatlichungsakte wurde am Eingange dieses Abschnittes die faktische oder die rechtliche und faktische Erwerbung von Privatbahnen bezeichnet, welche wir der soeben besprochenen faktischen Ansichnahme von Staatsbahnen durch Uebernahme des Betriebes gegenüberstellen. Diese dritte und nach unserer Eintheilung letzte Gruppe der Verstaatlichungs-Maassnahmen soll nun abschliessend in Kürze gekennzeichnet werden. Wie schon aus der gerade angeführten Benennung dieser Gruppe zu entnehmen ist, erschiene eine weitere Scheidung der derselben angehörigen Thatsachen, also eine Aufstellung von Unterabtheilungen von selbst gegeben, denn es leuchtet ein, dass es sich dem Staate entweder um die Erwerbung des blossen Betriebes einer im Privateigenthume verbleibenden Bahn, oder um die Erwerbung des Betriebes und des Eigenthums einer Privatbahn, oder um die Erwerbung des Eigenthums einer bereits im Staatsbetriebe befindlichen Privatbahn handeln kann; von dem vierten, logisch möglichen Falle: der Erwerbung des Betriebes von Eisenbahnen, welche sich bereits im Eigenthume des Staates befinden, war soeben schon die Rede; die fünfte Eventualität: die Erwerbung des Eigenthums an Privatbahnen unter Belassung des privaten Betriebes erschien durch die herrschende Verstaatlichungsströmung ausgeschlossen. Wir werden uns jedoch erlauben die Thatsachen zwanglos, nach einer gewissen — der Ausdruck sei uns verziehen — erzählerischen Zweckmässigkeit aneinanderzureihen und stellen es dem logischen Sinne und Bedürfnisse des Lesers anheim, dieselben nach den eben aufgezählten Eintheilungsgründen zu gruppiren.

Es ist bekannt, dass der Staat mit 1. Januar 1882 die Elisabeth-Bahn auf eigene Rechnung in Betrieb genommen, indem er fortab den Eigenthümern fest vereinbarte Beträge nach Art eines Pachtschillings zahlte und dass gleichzeitig vereinbart wurde, wann und unter welchen Bedingungen der Staat das Recht erlangt, das Eigenthum an der ganzen Bahn zu erwerben. Der Staat beharrte darauf, dass die aus der gesellschaftlichen Prioritätsschuld resultirenden strittigen Verpflichtungen endgiltig geregelt werden, auf dass der für die Bahn zu zahlende Preis fest bestimmt und nicht abhängig sei von den schwankenden Schicksalen der von Seite der deutschen Gläubiger der Elisabeth-Bahn um die Währung der Koupons, ja sogar um die des Kapitals geführten Prozesse. Diese Bedingung wurde nach mehrfachen Unterhandlungen erst im Jahre 1884 durch die Konvertirung der Prioritäten erfüllt, worauf die Bahn im Juni 1884 für eingelöst erklärt und die Uebernahme seitens des Staats sowie die Liquidation der Gesellschaft eingeleitet wurde. — In ähnlicher Weise wurde der Kauf der Rudolfs-Bahn eingeleitet, welche der Staat auf Grund des Sequestrationsgesetzes seit 1. Januar 1880 auf Rechnung der Gesellschaft im Betriebe hatte; mit dem Gesetze vom 8. April 1884 Z. 51 d. R.G.Bl. wurden die zwischen der Regierung und der Gesellschaft getroffenen Vereinbarungen genehmigt, mittelst welcher bestimmt wurde, dass der Staat beginnend mit 1. Januar 1884 den Betrieb auf eigene Rechnung, gegen eine festbestimmte Zahlung führen solle und dass die Staatsverwaltung berechtigt sei, nach erfolgter Konvertirung der Prioritätsschuld das volle Eigenthum der Eisenbahn um einen festvereinbarten Preis zu erwerben. Auch zum Ankaufe der Albrechts-Bahn, deren Betrieb der Staat seit 1. August 1880 für Rechnung der Gesellschaft führt, wurde die Regierung durch das Gesetz vom 26. Dezember 1884 Z. 201 d. R.G.Bl. ermächtigt; in diesem Falle hat der Staat die Prioritätsschuld nicht zu übernehmen, sondern der Gesellschaft (den Aktionären) für die Dauer der Konzession, d. h. bis zum Jahre 1965 eine jährliche Rente auszubezahlen, welche das garantirte Reinerträgniss im Betrage von 954.136 fl. 91 Kr. nicht übersteigen darf.

Handelte es sich bei der Elisabeth-, Rudolfs- und Albrechts-Bahn um den Erwerb des Eigenthums, welcher der bereits früher bewerkstelligten Uebertragung des Betriebes folgen sollte, so war es bei der Vorarlberger Bahn im Jahre 1882 vorerst bloss um die Uebernahme des Betriebes zu thun. Nachdem einmal der Bau der Arlbergbahn, welche die Lücke zwischen dem östlichen Endpunkte der Vorarlberger Bahnen (Bludenz) und dem westlichen Endpunkte der übrigen österreichischen Bahnen (Innsbruck) auszufüllen bestimmt war, zur fertigen Thatsache geworden war, unterlag es keinem Zweifel, dass es um die selbstständige Existenz der Vorarlberger Bahnen geschehen sei, und dies umsomehr als sich die Konzessionäre dieser Bahn der Regierung bereits im Jahre 1869 verpflichtet hatten, ihre Unternehmung demjenigen gegen Entgelt zu überlassen, welcher Bludenz durch eine neue Bahn mit Innsbruck verbinden würde. Allein es wurde nicht einmal die Beendigung des Baues der Arlbergbahn abgewartet, indem die Regierung bereits im Juni 1882 den Verwaltungsrath verständigte, dass sie in Gemässheit des Sequestrationsgesetzes den Betrieb der Vorarlberger Bahn sofort übernehmen werde, was auch mit 1. Juli 1882 geschah. Im nächstfolgenden Jahre entschloss sich die Regierung zum Ankaufe dieser Bahn und nach erfolgter Einigung über den Kaufschilling wurde sie mittelst Gesetzes vom 8. April 1884 Z. 51 d. R.G.Bl. hiezu ermächtigt. — Im Jahre 1883 wurde die Uebernahme des Betriebes der hier schon wiederholt gedachten mährischen Grenzbahn beschlossen und dieser Beschluss im Betreff der garantirten Hauptlinie (Sternberg-Grulich) auf Grund des Sequestrationsgesetzes, in Betreff der übrigen Linien auf Grund eines Uebereinkommens durchgeführt; seit 1. Juni 1883 hat der Staat diese Bahn im Betriebe und es ist bereits gesagt worden, dass diese Betriebsverwaltung am Anfange des Jahres 1884 mit jener der galizischen Staatsbahnen verbunden wurde.

Im Jahre 1884 ergoss sich ein ausgiebiger Verstaatlichungsregen über die böhmischen Bahnen; mit der Kaiser-Franz-Josefs-Bahn, einer der bedeutendsten Empfänger und Schuldner von Garantievorschüssen, wurden bereits durch längere Zeit Unterhandlungen gepflogen, bis dass am 11. Dezember 1883 ein Kaufvertrag abgeschlossen wurde, welchem sodann das Gesetz vom 8. April 1884 Z. 51 d. R.G.Bl. die Genehmigung ertheilte; die Bahn wurde am 1. Mai übergeben und am 1. Juli 1884 faktisch übernommen. Auch die Pilsen-Priesner Bahn, welche — wie oben bedeutet worden — vom Staate grosse Bauvorschüsse erhalten hatte, ward zum Gegenstande der Verstaatlichung ausersehen; die Abmachungen wurden im April 1884 zu Ende geführt und der Ankauf des ganzen Unternehmens sammt Zugehör mit Ausnahme einiger kleinerer Objekte mittelst Gesetzes vom 8. Juni 1884 Z. 91 d. R.G.Bl. genehmigt; die Bahn wurde vom Staate am 1. Juli 1884 übernommen. Auch auf die Prag-Duxer und Dux-Bodenbacher Eisenbahn war bereits seit dem Jahre 1882 das Augenmerk der Staatsverwaltung gerichtet; durch die neuerdings konzessionirte Endlinie Klostergrab-Muldau sollte die Prag-Duxer Bahn eine grosse Bedeutung erlangen, weil sie durch dieselbe die direkte Verbindung mit den deutschen Bahnen gewann. Desshalb traf der Staat bereits im August 1882 mit dieser Bahn ein Uebereinkommen, kraft dessen er nach Ausbau der benannten Endlinie den Betrieb zu übernehmen berechtigt war. Zur selben Zeit wurde die Fusion der Prag-Duxer und der Dux-Bodenbacher Bahn, welche die gegenseitige Konkurrenz, besonders im Kohlentransporte fürchteten und einen aufreibenden Tarifkrieg vermeiden wollten, energisch betrieben. Das Ende der langwierigen Unterhandlungen war, dass die Fusion mindestens faktisch durchgeführt wurde und dass hierauf der Staat mit 1. Juli 1884 den Betrieb beider Bahnen übernahm und so das böhmische Staatsbahnnetz, welches durch die Franz-Josefs-Bahn mit Wien verbunden ist, bis an die sächsische Grenze vorschob, eine nach jeder Richtung hin gewiss ausserordentlich wichtige Errungenschaft. Den Betrieb der zwei ebenbesprochenen Bahnen führt der Staat derzeit eigentlich für Rechnung der Gesellschaften; allein es sind bereits auch die Modalitäten des gänzlichen Ankaufes vereinbart, welche mit Rücksicht auf die eigenartige Konfiguration verschiedener Umstände für beide Gesellschaften aussergewöhnlich günstig sind. Mittels eines Gesetzentwurfes, welcher im Abgeordnetenhause bisher bloss Gegenstand einiger nicht gerade wohlwollender Anspielungen gewesen, erstrebt die Regierung die Genehmigung dieses Uebereinkommens.

Als weitere Errungenschaft der Verstaatlichungsströmung müssen wir noch den Umstand ausdrücklich hervorheben, dass das dermalen bereits erledigte Gesetz, betreffend die Aenderung der Staatsgarantie der böhmischen Westbahn (Gesetz vom 4. April 1885 Z. 42 d. R.G.Bl.) von der Eventualität des Ankaufes dieser Bahn durch den Staat spricht; nicht minder darf die Thatsache ausser Acht gelassen werden, dass bei Gelegenheit der Dualisirung der Staatseisenbahngesellschaft sich die Regierung mittels des bereits gedachten Uebereinkommens vom 12. November 1882 das Recht gewahrt hat, die gesellschaftlichen Linien nach dem Jahre 1895 in jedem beliebigen Zeitpunkte einzulösen. Der Vollständigkeit halber sei schliesslich bemerkt, dass auch einige kleine private Lokalbahnen, welche von Staatslinien abzweigen in Staatsbetrieb übernommen wurden; wir erwähnen namentlich die Linien Vöcklabruck-Kammer (8.7 km) in Oberösterreich (Mai 1882), Dolina-Wygoda (8.5 km) in Galizien (Juli 1883) und Wittmannsdorf-Ebenfurth (14.1 km) in Niederösterreich (August 1883).

Hiermit ist nun die skizzirende Darstellung des Entstehens und stufenweisen Fortschreitens der neuen Eisenbahn-Verstaatlichung in Oesterreich zum Abschlusse gebracht und es hiesse den bei diesem Absatze mit lautem Rufe sich meldenden Drang nach Zusammenfassung und Uebersicht mit Unrecht abweisen, wollten wir uns der allerdings nicht unbedeutenden Mühe entziehen, die gesammten bisherigen Ergebnisse der Verstaatlichungsthätigkeit zu einem leicht überblickbaren und ziffermässig ausgeführten Bilde zu gruppiren. Es ist uns sohin gestattet, die einzelnen im Staatsbetriebe befindlichen Linien unter Angabe ihrer Länge zusammenfassend anzuführen und das in doppelter Gruppirung: zunächst nach der geographischen Lage der einzelnen Linien und sodann nach der rechtlichen Stellung, welche der Staat zu den von ihm betriebenen Bahnen einnimmt*).

Im Staatsbetriebe stehen die nachfolgenden Bahnen:

I. in Oesterreich ob und unter der Enns und in den Ländern südlich der Donau:

	Baulänge	Betriebslänge
	in Kilometern	
1. Arlberg-Bahn	135,3	195,8
2. Braunau-Strasswalchen	37,4	37,8
3. Dalmatiner Bahn	104,8	104,8
4. Donau-Ufer Bahn	13,5	13,5
5. Elisabeth-Bahn	940,3	937,8
6. Istrianer Bahn	143,4	143,4
7. Niederösterr. Staatsbahn	154,1	154,1
8. Rudolfs-Bahn	799,6	802,5
9. Tarvis-Pontafel	24,7	24,7
10. Vorarlberger Bahn	90,0	95,7
11. Kleinere Pachtlinien	85,7	42,1
Summa	2478,8	2552,2

II. in den böhmischen Ländern:

12. Dux-Bodenbach	89,2	89,5
13. Franz-Josefs-Bahn	714,4	714,3
Uebertrag	803,6	803,8

---

*) Diese Zusammenstellungen sind zum grössten Theile nach den Angaben des neuesten Jahrganges von Kontas Eisenbahnjahrbuch (Wien 1884) gearbeitet, dessen Angaben allerdings höchstens bis in den Anfang des Jahres 1884 reichen. Während des Druckes gelangten wir durch die Gefälligkeit der k. k. Generaldirektion der österreichischen Staatsbahnen in den Besitz des Bürstenabzuges einer noch nicht erschienenen Mittheilung dieses Amtes, welche eine ähnliche Uebersicht, wenn auch nach anderem Systeme, enthält; diese diente uns zur Kontrole der hier angeführten Ziffern; unsere Berechnungen weichen von jenen der k. k. Generaldirektion nur unbedeutend ab.

ACHTES KAPITEL.

	Baulänge	Betriebslänge
	in Kilometern	
Uebertrag	803,6	803,8
14. Mährische Grenzbahn...	108,4	112,0
15. Pilsen-Priesener Bahn...	262,8	248,0
16. Prag-Dux.......	178,4	166,7
17. Rakonitz-Protivin	143,6	154,0
Summa	1496,8	1484,5
III. in Galizien:		
18. Albrechts-Bahn.....	181,0	182,6
19. Dniester-Bahn	111,7	112,2
20. Dolina-Wygoda (Lokal-Bahn)	8,5	8,6
21. Galiz. Transversal-Bahn..	551,7	620,1
22. Tarnow-Leluchow	145,7	151,5
Summa	998,6	1075,0
Gesammtsumme	4974,2	5111,7

Wir bemerken zu dieser Zusammenstellung, dass wir die Péage- und Mitbenutzungsstrecken selbstverständlich nicht in die Baulänge der vom Staate betriebenen Linien einbezogen haben; dafür wurden sie nach ihrer Betriebslänge bei der Berechnung der Ziffern der zweiten Reihe berücksichtigt, woraus sich die Abstände zwischen den Ziffern der ersten und zweiten Reihe bei Zahl 1, 14, 17 und 21 erklären; bei Zahl 17 (Rakonitz-Protivin) schlagen wir der Betriebslänge die von der k. k. Staatsbahn mitbenutzte Strecke Beraun-Zdic der böhmischen Westbahn mit 9,1 km zu. Bei Zahl 5 und 10 rühren die Unterschiede zwischen den Ziffern der ersten und zweiten Reihe zum Theile von Zupachtungen und Abverpachtungen kleinerer Strecken her; bei Zahl 13, 15 und 16 bewirkt es wieder der Umstand, dass einzelne Strecken ausser Betrieb oder wenigstens ausser regelmässigen Betrieb (13) gesetzt wurden, dass die Baulänge grösser ist als die Betriebslänge.

Nehmen wir nun an zweiter Stelle die rechtliche Stellung des Staates zu den von ihm betriebenen Eisenbahnen zum Eintheilungsgrunde, so ergibt sich nachstehende Gruppirung:

I. Staatsbahnen:

Betriebslänge
km

die soeben in der ersten Uebersicht unter der laufenden Zahl 1, 2, 3, 4, 6, 7, 9, 13, 15, 17, 19, 21 und 22 genannten Linien mit Ausschluss der Péage-Strecken; zusammen   2535,4

II. Für Rechnung des Staats betriebene Privatbahnen:

dermalen noch die oben mit Zahl 5 und 8 bezeichneten Bahnen und die Péage-Strecken:

zu Z. 1. Wörgl-Innsbruck . . .   59,5
„ „ 14. Nordwestbahngrenze-
          Lichtenau   1,9
„ „ 17. Beraun-Zdic   9,1
„ „ 21. Zagorz-Chyrow . . .   64,3
    und Stanislau-Chryplin   4,0

Summa 138,8;

Zusammen 1879,1

III. Auf Rechnung der Eigenthümer betriebene Privatbahnen:

die oben mit Zahl 10, 11, 12, 14, 16, 18 und 20 bezeichneten Bahnen; zusammen .   697,2

Gesammtsumme 5111,7

Wie bereits mehrfach zu erwähnen Veranlassung war, ist der Staat überdiess Eigenthümer einiger Linien, deren

ACHTES KAPITEL.

Betrieb fremden Unternehmungen überlassen blieb; es sind dies die Strecken:

	Baukilometer
Bodenbach-sächsische Grenze (verpachtet an die sächsische Staatsbahn)	11,0
Kufstein - bayrische Grenze (verpachtet an die bayrische Staatsbahn).	2,1 *)
Erbersdorf-Würbenthal ⎫ ⎧	20,5
Kriegsdorf-Römerstadt ⎬ s. S. 103 ⎨	13,7
Mürzzuschlag-Neuberg ⎪ ⎪	11,4
Unterdrauburg-Wolfsberg ⎭ ⎩	38,1
zusammen	96,8;

dazu tritt noch ein Antheil von $^2/_6$ an der den in Wien einmündenden Bahnen gemeinschaftlich gehörigen Wiener Verbindungsbahn, welche eine Gesammtlänge von 6,8 km hat.

Im Baue sind dermalen die nachstehenden Staatsbahnen:

	Kilometer
die böhmisch-mährische Transversalbahn, welche die nachbenannten Strecken umfasst;	
Iglau-Ober-Cerekve-Veseli 92,7	
Ober-Cerekve-Tabor-Ražice (Pisek) . 127,0	
Horaždiowitz-Klattau 60,0	
Janowitz-Taus 31,0	
zusammen	310,7
Die Linie Stryj-Beskid in Galizien	79,2
die Zweiglinie Zagorzany-Gorlice der galizischen Transversalbahn	4,2
die Zweiglinie Herpelje-Triest der Istrianer Bahn	22,0
und die Fortsetzung der Dalmatiner Bahn von Siverić nach Knin	20,6
zusammen	436,7

*) Oben auf S. 19 erscheint die Länge dieser zwei Strecken irrthümlich mit 13,8 statt mit 13,1 km angegeben.

Kaizl, Verstaatl. d. östr. E.-B.

In die gehörigen Orts angeführten Gesetze über die Bedingungen des Ankaufes der Rudolfs-, Albrechts-, Vorarlberger, Franz-Josefs- und Pilsen-Priesener Bahn wurde die ausdrückliche Bestimmung aufgenommen, dass der Betrieb in Staatsregie zu führen ist und dass die Uebertragung desselben an einen Privatmann oder an eine Gesellschaft nur auf Grund eines speziellen Gesetzes geschehen dürfe. Dadurch wurde die Entscheidung über die Art und Weise der Exploitirung der dem Staate zur Verfügung stehenden Eisenbahnen, eine Maassregel administrativer Natur, dem freien Ermessen der Regierung entrückt und dem der Zeit entschieden verstaatlichungsfreundlich gestimmten Willen der Gesetzgebung anheimgestellt; im Zusammenhalte mit den Bestimmungen des Sequestrationsgesetzes erscheint dies als ein untrügliches Zeichen des Anschwellens der Verstaatlichungsenergie.

Der zum Theile bewirkte, zum Theile zu bewirkende Ankauf, oder wie die Terminologie der österreichischen Gesetze besagt, die Einlösung von Privateisenbahnen erfolgt in der Regel in der Weise, dass der Staat das gesammte Eisenbahneigenthum und zumeist das Zugehör desselben sowie die Forderungen der Unternehmung erwirbt und dafür an Zahlungstatt einestheils seine Guthaben, welche er, sei es aus der Garantie sei es aus Bauvorschüssen oder anderen Rechtsgründen, bei der Unternehmung hat, hingibt, anderestheils die Schulden der Gesellschaft übernimmt und sich schliesslich zu Rentenzahlungen verpflichtet, welche mit Rücksicht auf die bisherige und auf die in der Zukunft zu gewärtigende (vergl. insonderheit die Vorarlberger Bahn) Ertragsfähigkeit bemessen werden; für derartige Renten gibt der Staat den Aktionären, im Austausch gegen die Aktien, verzinsliche Eisenbahnschuldverschreibungen, welche in einer bestimmten Zeit amortisirbar sind. Dass der Staat bei dieser Feststellung der Kaufschillinge im Interesse der Aktionäre nicht gerade übermässig sparsam vorzugehen pflegte, wurde in der Sitzung des Abgeordnetenhauses vom 23. März 1885 aus berufenstem Munde zugestanden und bestätigt.

Wir müssen an dieser Stelle unserem lebhaften Bedauern Ausdruck geben, dass wir nicht in der Lage sind die finanziellen Erfordernisse und Ergebnisse der gesammten Verstaatlichungsaktion darzustellen und dies aus dem Grunde, weil eine erschöpfende und übersichtliche offizielle Zusammenstellung und Publikation dieser Art immer noch aussteht und wir einzig und allein auf die Angaben der Staatsvoranschläge angewiesen sind. Nach dem Budget für das Jahr 1885 (Finanzgesetz vom 26. März 1885 Z. 28. d. R.G.Bl.) beziffern sich die Ausgaben des gesammten Staatseisenbahnbetriebes auf . . . . 47,863,780 fl.;

hiezu sind zuzuschlagen:

zunächst die Ausgaben für den Betrieb der obenangeführten, dem Staate gehörigen, jedoch von fremden Unternehmungen verwalteten kleinen Linien mit . . . . .   189,330 fl.

und die 4 % Garantievorschüsse, welche den vom Staate dermalen noch auf Rechnung der Unternehmungen betriebenen Bahnen gezahlt werden und zwar

der Vorarlberger Bahn . . 634,000 fl.
„ Erzherzog Albrechts-Bahn 712,380 fl.
„ Mährischen Grenzbahn . 278,500 fl.
zusammmen 1,624,880 fl.
Dies ergibt die Summe von 49,677,990 fl.

ACHTES KAPITEL.

Die Einnahmen aus dem gesammten Staatseisenbahnbetriebe beziffern sich auf	37,682,983 fl.;
hiezu sind zuzuschlagen die Einnahmen aus dem Betriebe der obengedachten von fremden Unternehmungen verwalteten Staatslinien mit	336,647 fl.*).
Dies ergiebt die Summe von	38,019,630 fl.

In den oben mit 47,863,780 fl. angeführten Ausgaben des Staatseisenbahnbetriebes ist die vertragsmässige Zahlung für die Verzinzung und Amortisation und zwar bei der

Kaiserin-Elisabeth-Bahn mit	9,082,530 fl.	
Kronprinz-Rudolfs-Bahn „	7,139,330 fl.	
Kaiser-Franz-Josefs-Bahn „	5,200,870 fl.	
Pilsen-Priesener Eisenbahn „	800,000 fl.	
zusammmen also		22,222,730 fl.

mit inbegriffen.

An Subventionen für Privatbahnen zahlt der Staat dermalen noch in Form von 4 % Vorschüsssen:

der Lemberg-Czernowitz-Jassybahn . . .	1,070,000 fl.
„ galizischen Karl-Ludwigs-Bahn . . .	1,000,000 fl.
„ mährisch-schlesischen-Nordbahn . .	289,000 fl.
„ österreichischen Nordwestbahn . . .	500,000 fl.
„ südnorddeutschen Verbindungsbahn .	642,000 fl.
„ ersten ungarisch-galizischen Eisenbahn	927,500 fl.
„ ungarischen Westbahn	290,000 fl.
Uebertrag	4,718,500 fl.

---

*) Die Ausserordentliche Einnahme des Jahres 1885, welche Kap. 44 der Staatseinnahmen enthält, ziehen wir nicht in Betracht.

Uebertrag 4,718,500 fl.
der österreichisch-ungarischen Staatseisenbahngesellschaft, Ergänzungsnetz . 400,000 fl.
zusammen 5,118,500 fl.

Aus den Reinertragsüberschüssen kommen im
Jahre 1885 an Garantie-Subventionen . . . 214,500 fl.
und aus dem Titel von Bauvorschüssen 50,880 fl. rückzuzahlen.

Nach den Angaben des Eisenbahnjahrbuches welche sich allerdings nur auf das Jahr 1883 beziehen, ergab in diesem Jahre die Kaiserin-Elisabethbahn ein Reinerträgniss von 4,1 % des Anlagekapitals, die Rudolfs-Bahn 0,8 %; passiv waren nur die Strecke Kriegsdorf-Römerstadt (—0,6 %) und die zum Ganzen zusammengefassten kleinen Strecken Braunau-Strasswalchen, Dalmatiner Bahn, Donauufer-, Istrianer, Niederösterreichische Staatsbahn und Tarvis-Pontafel (—0,2).

Zum Schlusse sei mit zwei Worten der Organisation der Staatseisenbahnverwaltung gedacht; es ist einleuchtend, dass diese Einrichtung in demselben Maasse geändert und neugestaltet werden musste, in welchem der Gesammtbesitz der zu verwaltenden Objekte einerseits an Ausdehnung, andererseits an Zusammenhang zunahm. Das kleine Amt in Wien wurde zu einer grossen Direktion für Staatseisenbahnbetrieb, als (1882) mit der Besitznahme der Elisabeth-Bahn das grosse westliche Netz in die Hände des Staates gelangte; neben dieser Wiener Direktion verblieb eine kleine Betriebsdirektion in Spalato und die Betriebsämter der Albrechts- und der mährischen Grenzbahn, welche letzteren im Jahre 1884 aufgehoben und durch eine mehrere Bahnen verwaltende Ministerialkommission ersetzt wurden. Der Wirkungskreis der Wiener Direktion war in stetem Wachsen begriffen; ihr wurden die Arlbergbahn, die Vorarlberger, die Istrianer, die Dalmatinische Bahn und andere zugewiesen. Als nachher die grosse Verstaatlichung der böhmischen Bahnen durchgeführt worden und der Bau der galizischen Transversalbahn der Vollendung entgegenging, wurde die alte Organisation zu beschränkt erkannt und beengend befunden: es wurde sohin das neue Statut vom 23. Juni 1884 Z. 103 d. R.G.Bl. erlassen, das mit 1. August 1884 in Wirksamkeit trat. Die Leitung des gesammten Eisenbahnbetriebes und Eisenbahnbaues wurde centralisirt und der k. k. Generaldirektion der österreichichen Staatsbahnen in Wien, als selbstständiger Instanz übertragen, welche unter der Oberaufsicht des Handelsministeriums steht; dem Generaldirektor steht ein aus fünf Mitgliedern zusammengesetzter ständiger Beirath zur Seite, welcher vom Minister aus dem weiteren aus 50 Mitgliedern bestehenden Staatseisenbahnrathe ernannt wird; die Mitglieder des letzteren werden von der Regierung verschiedenen Berufskreisen entnommen und treten nur von Zeit zu Zeit, jedoch mindestens zweimal im Jahre zusammen, um — in Erfüllung des ihnen zugewiesenen Berufes — Berathungen zu pflegen und Gutachten abzugeben, vor allem über die volkswirthschaftlichen Seiten der Eisenbahnvorkehrungen. Den Lokalbetrieb leiten derzeit 11 Betriebsdirektionen und die Schifffahrts-Inspektion in Bregenz am Bodensee, welche insgesammt der Generaldirektion unterstellt sind; Betriebsdirektionen, deren jeder ein bestimmter Komplex von Linien zugewiesen ist, gibt es in Wien, Linz, Innsbruck, Villach, Pola und Spalato, in Prag, Pilsen und Budweis, in Krakau und in Lemberg.

Diess ist der Ursprung und die Entwickelung der Eisenbahnverstaatlichung in den österreichischen Ländern. Zu einem so gewaltigen Aufschwunge ist sie gelangt, dass dem Staate heutigen Tages der Betrieb von rund 5100 km Eisenbahnen gehört und das sind genau 38,9 % sämmtlicher österreichischer Eisenbahnen, deren es dermalen in runder Summe 13.100 km gibt. Ob die Verstaatlichung überhaupt und in Oesterreich insbesondere von Vortheil ist, diess zu erwägen und zu beurtheilen gehört nicht in den Rahmen unserer ausschliessend historischen Studie; geradezu angenehm ist es uns, dass wir der Aufgabe, auf die erst in jüngster Zeit so lebhaft ja leidenschaftlich besprochene und noch von der Parteien Gunst und Hass triefende, übrigens noch nicht vollends gelöste sogenannte Nordbahnfrage, einzugehen aus dem Grunde entledigt sind, weil die Verstaatlichung dieser ältesten Bahn, deren im Jahre 1836 ertheiltes Privilegium im Jahre 1886 abläuft und welche die Verbindung des galizischen Staatsbahnnetzes mit den gesammten westlichen Staatsbahnen vermittelt, von der Regierung nicht gewollt und auch von beiden Häusern des Reichsrathes abgelehnt wurde. Es hat indess allen Anschein, dass die Zeit des ungehemmten Aufschwunges der Verstatlichung soeben abgelaufen ist und dass nach einer Periode der Evolution und üppigen Entfaltung eine Pause anhebt, während welcher es dem Staatsbahnsysteme ermöglicht sein wird sich einzuleben und zu bewähren, wozu bisher die Zeit noch allzu kurz gewesen. —

Welche die ferneren Schicksale der Eisenbahnen und namentlich der Staatseisenbahnen in Oesterreich sein werden, ist heute auch nicht im entferntesten vorauszusehen; jetzt denkt Niemand daran, den so jugendlichen Staatsbetrieb wieder aufzugeben. Eine unter den anderweitigen Möglichkeiten der künftigen zeigt die vergangene Entwickelung in Oesterreich selbst: der Staat hatte bereits einstens ein verhältnissmässig grosses Eisenbahnnetz und dass es aus seinen Händen gekommen und warum und wie, ist von uns in Kürze dargestellt worden. Eine weitere Möglichkeit tritt uns in der allerneuesten Geschichte Italiens entgegen, wo ein gewaltiges Netz mühsam erworbener

Staatsbahnen auf 60 Jahre an Privatunternehmungen pachtweise übergeben wird*). Doch die Schicksale der Verstaatlichung in Oesterreich und die Urtheile über dieselbe mögen sich gestalten wie immer: ein mehrfaches bedeutendes Verdienst wird der eben zur Darstellung gebrachten Verstaatlichungsepoche ungeachtet aller ihr anhaftenden Mängel denn doch auf keine Weise abgesprochen werden können und wir formuliren dasselbe folgendermaassen: die Wiederbelebung und Mehrung der Eisenbahn-Bauthätigkeit; die hochbedeutsame Vervollständigung des österreichischen Bahnnetzes durch die Arlbergbahn, die galizische und die böhmisch-mährische Transversalbahn; die Verminderung der nicht allein durch ihre Quantität bedenklichen finanziellen Subventionslast sowie die Unterdrückung der unberufenen Existenz vieler kleinen, lebensunfähigen Bahnen und, last not least, die bereits erfolgte und noch zu gewärtigende Ermässigung und bessere Gestaltung der Frachtentarife bei den Staatsbahnen, von welchen aus ein kräftiger Konkurrenz-Luftzug in die Tarife der Privatbahnen dringt.

*) Vgl. darüber Nuova Antologia, April 1885.

NAMEN- UND SACHREGISTER.

(Die Ziffern bedeuten die Seitenzahlen.)

Albrechts-Bahn, schlechte wirthschaftliche Lage 40; Fusionirungsprojekt 53; Verstaatlichung 80; Einlösung 106.

Arlbergbahn, älteres Projekt 43; Staatsbauprojekt 52; Zusage der Thronrede 1879 78; Staatsbau 80, 81, 82; Péage Wörgl-Innsbruck 95.

Bismarck, Fürst v. 6.

Bodenbach - sächsische Grenze; Staatsbahn 19, 74, 104.

Böhmisch-mährische Transversalbahn, Projekt 51; Urgenz 72, 75; Hindernisse 81; Gesetzentwurf 90, 91; Péage 97; Bau 113.

Böhmische Westbahn; Rückzahlung der Subvention 36; eventuelle Verstaatlichung 109.

Braunau-Strasswalchen, schlechte wirthschaftliche Lage 40 (Ankauf, Verstaatlichung, von der Regierung beantragt 1. Dezember 1876); Debatte 41 (Ankauf bewirkt auf Grund des Ges. vom 7. April 1877) 73, 102.

Bregenz, staatliche Trajektanstalt 101.

Budget für das Jahr 1885; Eisenbahnen 115.

Chlumecky, Handelsminister 47 (Exposé vom 29. Oktober 1875.)

Dalmatinische Bahnen; Privatkonzession 40, 42; Staatsbau 42, 43, 51; Staatsbetrieb 56; Fortsetzung 90, 91, 113.

Dniesterbahn, schlechte wirthschaftliche Lage 41; Verstaatlichung 53; Privatbetrieb 54; Staatsbetrieb 103.

Donauuferbahn, Staatsbau 52, 54, 75.

Dunajewski, Finanzminister 83.

Dux-Bodenbacher Bahn; Staatsbetheiligung 52; Verstaatlichung des Betriebes 108; Einlösungsentwurf 108.

Eisenbahnverstaatlichung; Begriff 9, 90, 104.

Elisabeth-Bahn; Verstaatlichung des Betriebes 82, 102; Einlösung 195.

Erbersdorf-Würbenthal; Staatsbau 54; Privatbetrieb 104.

Franz-Josefs-Bahn; Verstaatlichung 103, 107.

Friedmann, Reichsrathsabgeordneter 88.

Galizische Transversalbahn; Projekt 51; Interpellation 72, 75; Hindernisse 81; Privatbau-Projekt 87; Staatsbau 88; Zweiglinien 90, 91; Péage 97; Zweiglinie Zagorzany-Gorlice 113.

Garantie s. Subventionen.

General-Direktion der österreichischen Staatsbahnen; 110, 118.

Gross, Gustav 23, 24, 31.

Haberer 15.

Herbst, R. R. Abg. 59, 60.

Herpelje-Triest s. Istrianer Bahn.

Istrianer Bahn, Privatkonzession 40, 42; Staatsbau 42, 43, 51; Privatbetrieb 56; Staatsbetrieb 102. — Zweiglinie Herpelje-Triest 90, 91, 100; Péage 101; Bau 113.

Jaques 94.

Klostergrab-Muldau s. Prag-Duxer-Bahn.

Konta 13, 110.

Korb-Weidenheim, Handelsminister 78.

Kremer, Handelsminister 81, 83.

Kriegsdorf-Römerstadt; Staatsbau 54; Privatbetrieb 104.

Kronawetter, R. R. Abg. 88.

Kufstein-bayrische Grenze; Staatsbahn 19, 74, 104.

Mährische Grenzbahn; schlechte wirthschaftliche Lage 40; Sanirungsentwurf 71; Verstaatlichung des Betriebes 107; Péage 112.

Mürzzuschlag-Neuberg; Staatsbau 54; Privatbetrieb 103.

Neumann-Spallart 14.

Niederösterreichische Staatsbahn (früher niederösterreichische Südwestbahn) Bauvorschüsse 40; Verstaatlichung 69.

Nordbahn (K. Ferdinands-Nordbahn) 88, 119; (Debatte im Abgeordnetenhause März 1885; Herrenhaus April 1885).

Péage 94; Expropriation 98, 99.

Pilsen-Priesener Bahn; Bauvorschüsse 40; Verstaatlichung 107.

Pino, Handelsminister 81.

Plener, R. R. Abg. 58, 65.

Prag-Duxer Bahn; Verstaatlichung des Betriebes 108; Einlösungsentwurf 108; Fortsetzungslinie Klostergrab-Muldau 108.

Rakonitz-Protivin, Bauvorschüsse 40; Erlöschen der Privatkonzession 40; Staatsbau 43, 51; Privatbetrieb 56; Staatsbetrieb 102; Péage 111.

Rudolfs-Bahn; Verstaatlichung des Betriebes 78, 82, 102; Einlösung 105.

Russ, R. R. Abg. 63, 81.

Sax, Emil 31.

Sequestrationsgesetz, 60.

Skene, R. R. Abg. 41.

Staatsbahnen in Oesterreich; Gesammtübersicht 109 ff.; Verwaltung 117.

Staatseisenbahn-Gesellschaft; eventuelle Verstaatlichung 109.

Stryj-Beskid, Staatsbau 90, 91. 113.

Subventionen der Eisenbahnen 17, 21 ff. — Höhe der Garantiesubventionen in Oesterreich 1876: 56, 58; 1881: 88; 1885: 116. — Gesetz betreffend garantirte Eisenbahnen 60.

Südbahn 82; s. Wörgl-Innsbruck.

Tarnow-Leluchow; Privatkonzession 40, 42; Staatsbau 42, 43, 51; Privatbetrieb 53, 54, 56; Staatsbetrieb 103.

Tarvis-Pontafel; Staatsbau 52, 54; Privatbetrieb 79; Staatsbetrieb 79, 102.

Unter-Drauburg-Wolfsberg; Staatsbau 54; Privatbetrieb 103.

Vorarlberger Bahn; Betriebsdefizit 40; Verstaatlichung des Betriebes 106; Einlösungsgesetz 107.

Wagner, Adolf 19.

Wörgl-Innsbruck (Südbahn); Péage 83, 96.

Printed by Libri Plureos GmbH
in Hamburg, Germany